U0910516
民国百年
金彭育
金朝
著
天津社会科学院出版社

图书在版编目（CIP）数据

民园百年 / 金彭育，金朝著. -- 天津 : 天津社会科学院出版社，2024.9
ISBN 978-7-5563-0964-1

Ⅰ. ①民… Ⅱ. ①金… ②金… Ⅲ. ①广场－文化史－天津 Ⅳ. ①K928.702.1

中国国家版本馆CIP数据核字(2024)第060113号

民园百年
MINYUAN BAINIAN
责任编辑：李思文
责任校对：付聿炜
装帧设计：胡雪婷
出版发行：天津社会科学院出版社
地　　址：天津市南开区迎水道7号
邮　　编：300191
电　　话：（022）23360165
印　　刷：北京盛通印刷股份有限公司
开　　本：710×1000　1/16
印　　张：18.75
字　　数：216千字
版　　次：2024年9月第1版　2024年9月第1次印刷
定　　价：78.00元

版权所有　翻印必究

# 序

# 津城地标——民园

姜维群

这是讲述天津地标“民园”前世今生的第一本图书。本书共有分十章，中华人民共和国成立前后各有五章，最后有“民园周边的名人名楼”。

“五大道”原是天津城南的一片洼地，进入20世纪后，由于社会的变迁，这里成为英租界的一个高档街区。民园体育场始建于1920年，建设人是1924年在巴黎荣获第八届奥运400米冠军的英国人埃里克·利迪尔，中文名叫李爱锐。他是用伦敦斯坦福桥体育场的图纸建设的。

利迪尔1925年回到天津，因忙于修建民园体育场，1928年的第九届奥运会他没有参加，400米冠军被一名德国选手奥拓·费尔沙获得。1929年秋，为庆祝民园竣工，举办万国田径赛。为了证明自己金牌的含金量，德国选手费尔沙来到天津。当时，大量外国记者云集天津，争先报道。天津《大公报》《益世报》也刊发了消息。在400米比赛中，利迪尔勇夺冠军。在800米比赛前，特安排了一场橄榄球赛。费尔沙在800米比赛中显示了实力，获得了冠军。两位奥运冠军在比赛中平分秋色。民园体育场的“飞人大战”永载史册，从此，“民园”走进了世界，世界也走进了“民园”。

中华人民共和国成立后，民园体育场曾是“中央体训班”的驻地。20世纪50年代初，我国第一批重点运动项目国家优秀选手、体坛功勋元老，都曾在民园体育场度过青少年时期的宝贵时光，日后大多成为中国体育各个项目的奠基人。1953年11月，民园成为中华全国体育总会中央体训班的集训和办公用地。当时第一批足球、篮球、排球、体操、游泳、田径、乒乓、羽毛球等 8 个运动项目130多位国家队教练和选手落户天津.他们在艰难中起步，逐步走向正规，为我国体育事业迅猛发展奠定了基础，中央体训班也成为培育世界冠军的摇篮。

1951年，第一次全国足球比赛大会在此举行，并选拔出首批国脚；1953年，全国四项球类运动大会在民园体育场举行，时任国家体委主任的贺龙元帅亲临赛场。此后，民园成为国家足球队的训练基地。1956年的国家足球白队14名球员落户天津，成为天津足球队。这标志着天津足球正式创建，而民园体育场也由此翻开了历史新的篇章。这支以国家队队员为主要班底的天津足球队以全面的技术、泼辣的攻势打法，以及“不怕死”的硬朗作风闻名全国，在全运会、全国甲级联赛和全国足球锦标赛上共获五次冠军、五次亚军、五次第三名，成为中国足坛上一支名副其实的“王者之师”。1980年，天津足球队提前四轮夺得全国冠军。

“中西合璧的城市客厅”集中概括了民园提升改造后的新形象。它是中外游客集散中心、特色文化博览中心、休闲体育体验中心。而民园所在的五大道旅游区，周边毗邻南京路商务区、滨江道商务区、小白楼商务区、友谊路商业区，是天津市高端休闲消费的标志性区域和旅游热点街区。

本书作者金彭育，年近耄耋，在天津房管局退休。曾任市风貌办研究室主任，业余作家、音乐家，写过一些书，也编过一些书。我本人原在《今晚报》负责副刊部。1999年秋，《今晚报》与市房管局合作，编辑出版了征文图书《五大道的故事》，金彭育写了部分征文，亦参加了图书的编辑工作。此后，他又参加了“今晚丛书”中的《宝地三岔河口》《追寻大直沽》和《海河流津沽》等图书的编辑工作。多年来，金彭育一直是《今晚报》热心的作者和读者。

此为序。

# 目 录

CATALOGUE

# 第一章　民园体育场的由来

CENTURY OF MINYUAN

# 第一节　中华百年看天津

城市是有记忆的，其载体便是有形或无形的文化形态。建筑作为一种有形的文化形态，记载着城市的历史。天津作为国家级历史文化名城，拥有一批具有相当价值的历史风貌建筑。随着开埠通商和商业的繁荣，西方文化和东方文化在这里交融，建筑受到中西两种设计思潮的影响，逐步形成了独特的建筑文化和城市文化。历史风貌建筑见证着天津城市的时代变迁，是城市文化的主要载体，是天津宝贵的历史文化遗产和城市资源。天津，建城已有600余年，是中国北方重要的历史文化名城。近百年来，东西方文化在这里汇集交融，中国的传统文明在这里转型，并开

鼓楼

始走向现代化。这座历史名城，素有“中华百年看天津”之美誉。

天津是中国四大直辖市之一，环渤海地区的中心城市，中国北方重要的经济中心。天津地处华北平原东北部，东临渤海，北屏燕山，周临北京市及河北省。天津有常住人口1000多万，土地总面积11.9万平方千米。

在全国650多座城市中，有准确建城时间的并不多。而天津，是有准确建城时间记录的，这个决定建城的人，便是明成祖朱棣。明洪武元年（1368），朱元璋在南京建都，并且分封各个儿子为王。第四个儿子朱棣被封为燕王，驻守北平。1398年，明太祖朱元璋驾崩，因太子早逝，由太孙朱允炆继位，年号建文。明建文元年（1399）身为叔叔的燕王朱棣与朱允炆争夺皇位，发兵由直沽“济渡沧州”南攻。征战数年，明建文四年（1402）攻下南京，即帝位，为明成祖。因直沽系“天子渡河之地”，赐名“天津”。中国的城市，大多称“城”，而天津称“卫”，这是为什么呢？这个“卫”是军事编制，明制每个卫士兵数为5600人。明永乐二年至四年（1404—1406）设天津卫、天津左卫和天津右卫，统称三卫，共驻军16000多人，以拱卫京

天津三岔河口

师与维护地方平安。明永乐四年(1406)建天津城,城高三丈五尺,周长九里余。经考证,天津准确的设卫建城时间是公元1404年12月23日。

天津虽建城六百余年但其成陆、发展起码有四五千年以上。自秦汉至宋元,历代在天津挖渠开河,运粮建寨,设官定制,百姓繁衍生息。天津所以能由几百年前的渔家聚落,而寨而镇而卫而州而市地演变,均因其地理位置得天独厚,会南北舟车,集八方商贾,迎海运漕粮,通吴越百货,得风气之先。天津的繁荣和发展归功于海河。海河干流全长72千米,纳九川,穿津沽,向东南流入渤海;惠润津城,明泽生灵,哺育一代代豪杰,铸一座历史文化名城。三岔河口,是天津的发祥地。在这人口稠密的地方,既有青砖瓦房,寻常巷陌;又有雕梁画栋,官衙深院。天津文化是多元的、开放的、包容的,最初是码头文化、运河文化、河海文化。天津食品"三绝"的狗不理包子、十八街麻花、耳朵眼炸糕,均为小吃,体现了码头文化的特点。明、清两代形成了天津老城厢文化、四合院文化,又展现出中国北方城市的典型特征。在城市经济发展以后,继而天津出现了富而思文,富而思乐的盐商文化,以及以后出现的租界文化。

1860年后,由于英法联军的入侵,在签订了《北京条约》之后,天津被辟为通商口岸,英、法、美首先在靠近海河西岸的紫竹林一带设租界。1900年,八国联军入侵天津,九国在天津设租界,总面积相当于天津旧城的八至十倍,这在全世界也是独一无二的。从1840年鸦片战争至1900年八国联军入侵中国的60年,清政府签订了一系列丧权辱国的条约,被迫开放中国沿海12个城市,设立了各国租界。天津作为第一批开埠城市,英国、法国、美国、德国、日本、俄国、意大利、比利时、奥匈帝国先后在天津设立了租界,九国租界在天津存续时间最长的为英租界——85年,最短的为奥匈租界——17年。这在世界城市的发展史上是空前的。由此可见天津在中国近代史上负载了沉重的耻辱，同时九国租界遗存的历史风貌建筑及其建设过程中派生的多元文化，也成为今天城市建设中不可忽视的历史文脉和宝贵的文化资源。

渤海之滨、京畿重镇，特殊的区位优势赋予了天津独特的历史地位和人文氛围。天津是中国北方得风气之先的城市，和上海、广州等中国南方的著名城市一样，较早地接受了现代文明，逐渐从一个小小的军粮城发展成为中国北方的经济文化中心。由于天津靠近北京，开放较早，经济繁荣，社会各界名流到津。天津为他们提供了施展才华的舞台，而他们上演的“历史活剧”也给天津留下了珍贵的遗迹。经考证，近代有300余位名人政要曾在天津留下了寓所、足迹和故事：革命先驱孙中山，中国共产党重要领导人周恩来、张太雷、刘少奇、邓颖超等都在此留下了革命斗争的历史；爱国将领张学良、吉鸿昌、张自忠曾居住于此；有文教科技界人士梁启超、李叔同、严复、张伯苓、侯德榜等创办新学，宣传新文化，实践科技救国的史迹；末代皇帝溥仪、末代庆亲王载振在天津做过复辟清王朝的白日梦；北洋政府五位大总统袁世凯、徐世昌、黎元洪、冯国璋、曹锟数任总理和国务大臣在天津导演了一幕幕“政治活剧”。伴随这些历史人物，天津出现了很多中国近代史上的地标性创举，据统计，近代中国历史上有130余项第一在天津诞生，如第一枚邮票——大龙邮票、第一张官方报纸——《北洋官报》、第一所大学——北洋大学、第一座自然博物馆——北疆博物院、中国第一批警察部队、中国第一支新式海军——北洋水师，等等。这些都构成了天津丰富独特的城市人文景观和旅游文化资源。

现代文明的传入给天津灌输了浓厚的商业文化氛围和竞争意识。在一张张海河的历史照片中，呈现出帆船林立、人来人往的繁华景象。今天，天津火车站的河对面仍然矗立着一幢舒展大方、格外醒目的大陆银行的仓库。不远处的解放北路，被称为“东方华尔街”，汇集了几十家造型各异、华丽典雅的金融老建筑，英国汇丰银行、麦加利银行、德国德华银行、俄国华俄道胜银行、美国花旗银行、美丰银行、日本横滨正金银行、朝鲜银行、法国东方汇理银行、中法工商银行、比利时的华比银行、义品银行、意大利华义银行等著名银行都曾在这里留下各自的历史。

现代文明的输入还催生了天津发达的现代教育，积累了丰富的高素质人力资源，为中国的近现代化作出了独特的贡献。天津武备学堂是中国最早的专业军事学校，聘请德国教官，采用新式军事教学法，培养出了冯国璋、曹锟、段祺瑞、王占元、陈光远等一大批北洋政府时期的总统、总理和督军。著名的南开中学、南开大学，被誉为中国私立教育的典范，先后走出过中华人民共和国的两任总理。20世纪二三十年代，南开大学在中国高校中率先编制各类物价指数，其编制的华北物价指数直到中华人民共和国成立前都是权威参考指标；1938年，南开大学经济研究所还编制了中国最早的外汇指数——天津对外汇率指数。

传统文化与现代文明的融合，培育了天津城市文化中多元共存、兼收并蓄的独特性格。这里既有像末代皇帝溥仪和北洋政府国务总理段祺瑞，也有终身积极帮助中国的国际友人、著名反法西斯斗士伊斯雷尔·爱泼斯坦和奥运冠军李爱锐（原名埃里克·利迪尔）。在天津众多历史风貌建筑中，还有不少中西合璧式的折中主义建筑，如坐落在意奥风情区的鲍贵卿旧宅，屋顶的三个凉亭从西往东依次为意大利方型、德国帽盔型和中国传统伞形风格。

尽管有过一段长时期的缓慢发展，但天津悠久的历史，特别是近代的繁荣仍然给今天的复苏与再度崛起留下了宝贵的物质遗产和精神财富。五大道、解放北路、中心花园、劝业场、意大利风情区等历史街区的完整保留与复原整修，既让我们有机会亲身体验“万国建筑博览”，也从整体上保存了近代天津的城市记忆。古文化街和老城厢被修葺一新，完好保存了天后宫、玉皇阁、鼓楼、文庙、广东会馆、兰万字会等天津著名的传统建筑，也留住了天津600余年的风雨沧桑。

近代天津留下的国立北洋大学和私立南开大学的班底，形成了今日天津以天津大学和南开大学为龙头、几十所大学和职业技术学院林立的高等教育格局，为社会培养了一批又一批的高素质人才。北京奥运会主会场“鸟巢”的中方总设计师李兴钢就毕业于天津大学建筑学专业。随着天津城市的日益开放，天津高等教育界也越来越多地参与到国际学术交流。

600年的漕运枢纽带来了中国南北文化的交流与碰撞，不仅塑造了天津人精湛的民间艺术，也使天津成为中国闻名的曲艺之乡。天津的泥人张彩塑和杨柳青年画，精雕细画、栩栩如生，令人万分喜爱。1915年，“泥人张”的创始人张明山就曾凭借彩塑作品《编织女工》获得巴拿马万国博览会一等奖。如今，“泥人张”早已从过去的家庭作坊走向社会，形成了“遍地

天津老劝业场

开花”的局面;而杨柳青年画也已经走向世界，先后在日本、法国、英国、意大利、新加坡等国家展出。相声是中国著名的民间曲艺形式,而天津又是中国的相声“窝子”。这里不仅盛产相声表演大师，也有众多的相声艺术团体，群众艺术基础极为深厚。今天，在天津市区的大街小巷里，分布着提供相声表演的茶馆剧社，吸引着中国各地慕名而来的游客和相声爱好者。天津还是中国国粹京剧的重镇，氛围浓厚、人才辈出。天津举办了多届中国京剧艺术节，首创了极具影响力的“和平杯”全国京剧票友邀请赛，天津的京剧演员和团队还屡次在国内外重大比赛中获奖。走进天津的大小社区和公园，时不时能听到京剧票友的京腔京韵，仿佛踏入了一座京剧之城。

随着滨海新区的崛起，天津文化中既保持了以老城区为代表的本色传统文化，又增添了以滨海新区为代表的新型文化气息。作为一个现代化的、国际性的文化新城区，滨海新区是引进外来优秀文化的前沿，也是外来文化登陆中国北方的平台，文化的开放性与交流性在滨海新区内得到充分体现。天津传统文化与滨海新区文化相互融合，使天津的城市文化集开放性、多元性、兼容性和先进性为一体，成为中国城市文化发展中的一个独特现象。

## 第二节　现代体育之肇始

体育是一种文化形态，与城市的发展息息相关。无论是古代的城市还是近代的城市，都留有体育的文化印记。城市建设与体育发展相互作用，城市离不开体育，体育为城市服务。城市的建设为体育的发展注入活力，体育也在城市精神的孕育、城市经济的发展、城市形象的提升等方面都起到重要作用。

19世纪80年代后，近代体育项目首先在天津武备学堂、天津水师学堂、天津电报学堂等新式学堂中得到开展，除兵式体操、器械操外，还通过击剑、拳击、跳远、跳高、足球等运动以锻炼学生体魄，培养尚武精神。进入20世纪后，西方近代体育已逐渐成为天津体育运动的主流，足球、篮球、排球、田径、乒乓球等体育项目最先在天津兴起，张伯苓、王正廷、董守义等一代中国体育先驱从天津走向世界。

董守义

第一个推广竞技体育的青年组织是天津基督教青年会。1895年，美国基督教青年会北美协会派来会理来天津组建青年会。12月8日，天津基督教青年会宣告成立，翌年在德租界海大道（现大沽路）购地建房，1897

年竣工并举行开幕典礼，成为中国第一个城市青年会。青年会始终是推广普及西方竞技体育的组织者，天津乃至全国的许多体育活动都是该组织最先引进，并在全国推广的。19世纪末、20世纪初，西方体育开始传入中国，逐渐取代了传统体育活动。天津除首先引进了篮球、足球、排球外，还有网球、乒乓球、台球、地球、垒球、羽毛球、赛艇、田径等项目。1910年在南京举办的第一届全国运动会、1913年在菲律宾马尼拉举行的第一届远东运动会等体育赛事，也是由天津基督教青年会参与发起的。

足球：1864年，英国基督教伦敦会在天津海大道创办了“养正书院”（新学书院前身，现和平路地铁站），在师生中开始足球运动。1881年，北洋水师学堂总教习严复在学生设置“操法课”，其中有“足球”一项。1902年，新学书院成立了中国第一支学校足球队，人称“辫子足球队”。1903年，由新学书院、北洋大学堂、普通中学堂等发起成立了天津中等以上学堂“体育联合会”，组织举办校际足球赛。南开学校校长张伯苓，大力推广足球运动，使足球运动在南开很快普及，并后来居上。在南开学校上学的周恩来，也是足球爱好者，曾是班足球“勇队”的中锋。1915年12月，周恩来任南开学校童子部部长时，曾带队到北京与清华大学足球队进行比赛，并获得胜利。1917年11月18日，天津成立了第一个足球组织——天津学校足球会。

篮球：1895年，美国人来会理博士受北美青年会的派遣来天津筹办青年会，年底在北洋医学院（现渤海大楼汽车站址）天津基督教青年会宣告成立，举办了中国首次篮球比赛，当时称为“筐球”。1896年元月，天津中华基督教青年会举行首场正式篮球比赛。从1910年到1948年，全国共举办七届运动会，天津男篮蝉联六届冠军。闻名中外的天津“南开五虎”以中学生身份参加大学队比赛，勇夺华北运动会冠军，并四胜外国劲旅。

排球：1905年，排球运动便出现在天津大中学校。开展最早的是北洋大学、南开大学、南开中学、汇文中学、新学书院、官立中学等。1914年全运会，排球被列为正式比赛项目，校际排球比赛此起彼伏。

乒乓球：1904年，乒乓球进入中国。1914年，天津第一张乒乓球台就出现在天津基督教青年会少年部游戏室，当时乒乓球被称为“桌球”。1931年，在天津基督教青年会举行了第一次全市乒乓球公开赛，这也是中国乒乓球史上最早的正式公开赛。20世纪30年代，天津乒乓球运动得到普及，并且举行校际比赛。

羽毛球：该项运动源于英国，清末传入天津。20世纪20年代，天津基督教青年会体育部干事李友珍率先在华人会员中开展羽毛球运动，每周二、周五组织杨锦奎、陶少普等十余人在青年会会馆进行教学、训练。20年代末，东亚毛呢公司经理宋棐卿专门设置了生产羽毛球的车间。

棒球：19世纪末，棒球运动随着近代体育的传播由留美学生和传教士引入天津。20世纪初，在天津的教会学校中就已经出现棒球运动。1907年，旅津的美、日侨民举行了第一次棒球比赛。1908年，南开校长张伯苓赴欧美考察时学到了棒球技术，回校后积极倡导棒球运动，1911年，南开学校成立了棒球队。此后，北洋大学、新学书院等校也相继成立棒球队。1914年，以天津队员为主组成的“北部队”代表华北参加在北京举行的第二届全国运动会，夺得冠军。这是中国棒球史上的第一个全国冠军。

网球：该项运动于19世纪中叶由欧洲传入天津。在1914年第二届全国运动会上，天津选手取得优胜。20世纪20年代末到30年代中叶，天津网球运动发展很快。30年代初，林宝华、邱飞海、汪道章、郑兆佳被誉为中国网坛“四骑士”。

垒球：天津是开展垒球运动最早的城市之一。20世纪初南开中学等部分学校开展垒球运动。1916年孙润生在天津开始制作垒球运动球具，销售给垒球爱好者。1924年华北运动会垒球比赛，南开中学队获得冠军。

田径：天津是最早开展田径运动的城市。早在1881年，北洋水师学堂就设有竞走、跳高、跳远、跨栏等田径项目，并开展竞赛活动。从此，田径运动在一批中等以上学校普遍开展。1897年，北洋大学堂举行首次赛跑比赛，计有170多名学生参加，运动项目有阻物跑、掷重物、先跑后跳、先立后跳、拾物跑、持棍跳高、递物赛等。当时赛跑所设的项目尽管简单，但它却是中国学校体育运动项目的发轫。辛亥革命后，天津的田径运动扩展到小学及全社会。天津田径选手在华北、全国乃至远东运动会上都曾创造过辉煌的战绩。

体操：天津是开展体操运动最早的城市之一。20世纪初，全市各大、专院校和多数中小学，校内操场有双杠、单杠、跳箱和垫上运动等体操器械设备和教学训练活动。南开中学、工商学院附中等校的技巧队，曾在全市运动会上表演过双杠和技巧运动。

游泳：天津游泳运动有着悠久的历史。1929年8月25日，天津体育协进会在南开学校游泳池举行了第一次公开游泳比赛。1931年8月21日，在南开大学附近的青龙潭举行了第二次公开游泳比赛。这两届游泳比赛，大力推动了天津游泳运动的普及和提高，使天津游泳运动的水平一直在全国处于领先地位，并出现了像穆成宽这样的优秀选手。1935年，天津举办“万国游泳赛”，穆成宽参加100米仰泳和400米自由泳两项角逐，均获冠军，轰动津门。1941年，天津举办国际游泳赛，组织者邀请穆成宽参加虎鲨队比赛，获得两项冠军。同年，穆成宽打破了由马来西亚华侨杨维谋保持的400米自由泳的全国纪录。这一年，穆成宽等人组建了天津历史上第一支游泳队——鲲队。抗战期间，鲲队除参加天津市各项游泳比赛外，还参加过津、京两地对抗赛，各项冠军无不为鲲队包揽。

冰上运动：天津开展的冰上运动主要是滑冰和冰球。从1933年起，天津体育协进会曾经多次举办全市冰上运动会，第一次是在中日中学（现六里台）冰场上举行，争夺十分激烈，观众非常踊跃。1934年，天津滑冰选手第一次与外国人一起参加英国球场举办的“万国速滑比赛”。天津选手击败外国名将，获得了全部冠军。

传统体育：历史上，天津一直是民间传统体育普及度很高的城市。民众对以摔跤、拔河、跳绳、踢毽、抖空竹、放风筝、打弹弓、举砘子（石锁、大刀）为主要内容的传统体育参与热情很高。

武术：第一支参加奥运会表演的中国武术队成立，队员以天津人为主。天津群众性的武术活动开展十分普及，有些学校也成立了武术队。在1936年柏林奥运会，中国队毫无所获，但中国武术第一次在奥运会上公开表演，赢得了观众的掌声，赢得了世界体育界的认可。这支武术队由11人组成，队长是天津培才小学校长郝铭，队员张文广、傅淑云也是天津人。

赛马场门票

赛马：天津第一座国际标准赛马场建于1863年。赛马活动由英国传入天津，先后建成了七处赛马场。1886年，天津海关税务司德璀琳在城南佟楼养牲园附近修建了一座新赛马场，于1900年义和团运动中被毁。翌年赛马场重修，并扩建了木结构看台。1925年春，新建三座宽敞的混凝土看台。经过两次重建的赛马场呈椭圆形，方圆5里，看台、公证亭、跑道、马厩、护栏及其服务设施都达到了国际标准，堪称远东一流。

天津英商赛马场

体育用品制作：利生体育用品厂随着西方竞技体育渐入中国，田径、球类活动如火如荼地在全国开展起来。由于技术落后、工艺粗糙，当年中国连一个小小的篮球都制作不出来，运动所需的大量体育用品和器械也只得从国外进口。为了降低体育运动成本、改变中国愚昧落后的形象，在南开学校校长张伯苓的支持下，天津南开中学教师孙润生筹建近一年的利生制球厂于1921年开张了。这便是日后利生体育用品厂的雏形，也是中国的第一家体育用品厂。该厂从制革开始，自己缝制篮球、足球等皮制球类产品，逐步增设木工部、制革部、制弦部、营业部。20世纪30年代后，该厂的产品除篮球、足球、排球、羽毛球外，还增添了铁饼、标枪、双杠、木马、吊环等体育器械，在中国体育用品制造业中发展成为规模最大的生产厂家。

体育专著：身为篮球教练的董守义，不仅培训出名震全国的“南开五

天津利生体育用品

孙润生

虎”篮球队，而且总结了自己多年指导篮球的实践经验，在全国各个体育刊物上发表了许多关于篮球方面的文章。他的专著《篮球》更是深受读者的青睐和体育界的好评，再版后仍供不应求。1928年，他对《篮球》做了精细修订，更名为《篮球术》再版，在国内畅销不衰。后来，他又将自己的著作加以修订和补充，完成《最新篮球术》一书，成为我国第一部篮球运动正规化、科学化的经典著作。

全国四届冠军：蝉联四届全国冠军的“南开五虎”篮球队。篮球运动在南开学校有着一种独特的魅力，全校活跃着十几支篮球队。1922年天津学校联合运动会中，南开队初露锋芒。1929年华北运动会上，南开中学篮球队以南开大学名义参赛获得冠军。不久，南开队南下上海，在相继战胜了沪江大学队、西侨青年会队和美国海军队三支上海冠军级球队后，又力克从日本全胜归来的菲律宾队。“南开五虎”的美名迅速传遍全国。1910年至1948年，全国共举办过七届运动会，天津男篮连续夺得第一至第六届冠军，其中以“南开五虎”为主力的篮球队曾蝉联了四届全国冠军。

第一个在国际赛事上得分的中国运动员：吴必显，1913年生于天津，在天津新学书院（后称新学中学、今天津市第十七中学的前身）毕业后考入辅仁大学。1933年在青岛举行的华北运动会上，吴必显以1.82米的成绩打破全国跳高纪录。1934年5月在远东运动会上，他不畏强手，以1.87米的成绩夺得第四名，为中国田径项目赢得宝贵的一分，成为中国在国际赛事上唯一获奖的运动员。1936年，吴必显以骄人的战绩，名列第十一届奥运会参赛运动员的行列中。同年7月，中国运动员赴德国参赛，由于种种原因，遗憾地失去了决赛权。吴必显1934年创造的男子跳高全国纪录一直保持了18年之久。

# 第三节　天津有个五大道

天津小洋楼最集中的地区当数五大道。其实，“五大道”并非一个地名，而是一个流传甚广的俗称。五大道地区坐落在天津市和平区五大道街，其范围是成都道以南、马场道以北、西康路以东、马场道与南京路交口以西的长方形地段。

1860年10月，中英在北京签订了《北京条约》，天津被辟为通商口岸。

五大道街区图

开埠后的天津，偏离了中国传统城市的发展模式。从鸦片战争到五四运动，中国近代史上许多重大事件是从天津策划、北京发生的。天津的被迫开埠，使天津走向世界，也使世界走进了天津。“五大道”一开始只是天津城南的一片荒芜的洼地，进入20世纪后，由于社会与朝政的更迭变换，这里成为英租界的一个居住区。1919年至1926年，英租界工部局利用疏浚海河的淤泥填垫洼地修建道路，先后在这一地区建成了马场道、睦南道、大理道、常德道、重庆道、成都道，初步圈定了如今“五大道”地区的范围。由于政治与经济需要，“五大道”从建成之日起，一直是政界要人的居住地。

其实，论起五大道的主要干道，无论是纵向、横向，均不是五条。那么，为什么叫“五大道”呢？曾任和平区房管局副局长、和平区委常委、副区长的老同志庞其中，由于工作关系，经历了“五大道”名称形成的全过程，对“五大道”名称的由来有着较为准确的解读。20世纪80年代，为了改变

20世纪30年代铺设水管

工人正在爱丁堡道（今重庆道）安装电灯

天津的市容市貌，时任天津市领导提出了对部分马路两侧的房屋进行整修粉刷，并为此成立了市房屋整修办公室，由市房管局总工程师章世清同志负责此项工作并任总指挥。在一次房屋整修工作会上，章世清转达了市领导的指示："天津的小洋楼很有特色，有世界房屋建筑博览馆之称，在国外也很有名气。因此，要把民园街、体育馆街一带的小洋楼纳入整修范围。"章世清接着说："两个街道的房屋都整修，工程量太大，我们得有个范围。我先提个意见，你们看行不行。"当时他提出的四至范围是：成都道—南京路—马场道—西康路—贵州路—再到成都道，这五条道路合围区域内的房屋作为整修的重点。当时大家没提什么反对意见，一致同意这个整修范围。

小洋楼整修工程开始后，大家在研究和汇报工作时就用"五大道"的简称来代指整修区域。如"五大道"的整修方案如何如何、"五大道"的整修进度如何如何等。时间长了，"五大道"就叫响了，成了当时民园街、体育馆街两个街道的代名词。四十余年年过去了，"五大道"这个专用名称一直沿用至今。而“五大道”小洋楼在人们的精心呵护下焕发了青春，成为天津一张靓丽的名片。

五大道历史风貌建筑区占地1.28平方千米，纵横23条马路，17千米的长度，共有房屋2185幢，占地面积121万平方米，其中楼房1045幢，114万平方米。历史风貌建筑408幢、34.99万平方米，其中特殊保护等级历史风貌建筑8幢、重点保护等级历史风貌建筑55幢、一般保护等级历史风貌建筑327幢。早在1999年，天津市就启动了五大道地区的综合治理工作。《天津市历史风貌建筑保护条例》实施以来，进一步深化此项工作，通过综合治理，五大道的整体环境明显改善，恢复了昔日街区风貌，极大地提高了该区的文化、经济价值，得到了国内外各界人士和广大人民群众的赞誉。2004年，五大道荣获建设部颁发的“中国人居环境范例奖”。在2010年在苏州举办的全国历史文化名街的评选中，天津五大道被评为全国十五大历史文化名街的第一名。

“五大道”的干线马路共有六条，为马场道、睦南道、大理道、常德道、重庆道和成都道。马场道全长3216米，最早称马厂道，编号为7号路，民国后改为海宁路。路中间原有花坛，栽种小松树，20世纪50年代末拆除。睦南道全长1968米，最早称香港道，后改镇南道，现名睦南道。大理道全长1745米，原名新加坡道。常德道全长1219米，原名科伦坡道。重庆道全长1432米，以威灵顿路（现河北路）为界，西部称爱丁堡道，东部叫剑桥道。成都道全长2206米，原名伦敦道，路中间原设花坛、绿篱、种凌霄花，设欧式路灯，1961年拆除。五大道上的小洋楼，从政治上来说，是一种耻辱，是帝国主义侵略中国的产物，也是清政府丧权辱国的见证。但是随着时间的推移，人们发现五大道在文化、建筑、艺术、人文、旅游上是一种财富，是中国的财富，也是世界的财富。

1925在伦敦道（今成都道）上铺设路面用的沥青

徜徉在五大道，好像漫步在世界建筑历史的长廊。从古希腊、罗马风格建筑，到古典式、文艺复兴式、哥特式、拜占庭式、巴洛克式、罗曼式、集仿式、洛可可式，到英式、法式、意式、中式、西班牙式、日式，甚至有犹太式和印度式建筑，各式小洋楼应有尽有，令人目不暇接。五大道汇集世界各主要建筑流派于一街，素有万国建筑博览会之美誉。五大道上的小洋楼景观，使许多中外游人流连忘返，也成为大量影视片的拍摄场地。从20世纪初叶起，一些清廷遗老遗少、军阀买办、下野政客、工商巨子和外国人纷纷到这里购置地产。他们或在这里策划密谋，准备粉墨登场；或在失意后回到安乐窝，当起优哉游哉的寓公。五大道的百年沧桑，留下许多风云人物的足迹，演绎了许多令人难忘的故事。这些足迹、这些故事，汇聚成一页页厚重的历史，令人回味与深思。

# 第四节　中国奥运之父王正廷

王正廷

王正廷（1882—1961），浙江奉化人。民国时期的外交官，长期在政府中任职，推行革命外交，以和当时杰出的外交家顾维钧的冲突而知名。他热心体育事业，并致力奥林匹克运动在中国的开展，是近代中国著名的体育领导人之一，因其对中国体育事业的特殊贡献，被誉为“中国奥运之父”。

王正廷出身于基督教家庭，青年时代在上海中英中学堂读书。1896年，王正廷北上天津，进入北洋大学堂（天津大学的前身）学习。1900年，转道上海。1901年，回天津北洋大学学习法律，并任教于天津新学书院三年多。1904年，任湖南省立高等学堂英文科主任。1905年，赴日本；1906年，在日本加入中国同盟会。1907年入读美国密歇根大学，后转入耶鲁大学。1908年，获文学硕士学位；1910年，获博士学位后回国。

王正廷从青少年时代开始便喜爱体育活动。在中学读书时，他爱好网球、游泳、篮球、骑术等项目。天津北洋大学堂是中国第一所现代大学，创建于1895年，1951年更名为天津大学。北洋大学堂是天津最早开展现

王正廷传记书影

代体育的大学。王正廷考入北洋大学堂的第二年，即1897年，全校于11月26日举行了首次跑步比赛，共有170多个学生参加，运动项目有阻物跑、掷重物、先跑后跳、先立后跳、拾物跑、持棍跳高、递物赛跑等。王正廷参加了这些比赛活动，并且从此成为校内体育运动的骨干。1898年，王正廷在业余时间被抽调到天津基督教青年会协助工作。转年春天，中国城市第一个基督教青年会——天津基督教青年会第一次发起并组织天津学堂联合运动会。运动会由北洋大学堂总办王少泉、总教习丁嘉立（美国人）倡议，是中国近代史上最早的校际运动会。北洋大学堂作为主办方，邀请了北洋水师学堂、武备学堂和电报学堂的体育代表参加。这是天津，也是全国首次校际体育运动会，王正廷作为青年会成员参与了大会的组织工作。从此，他成了在天津积极倡导并推广近代体育运动的丁嘉立的得力助手。1903年，他担任天津基督教青年会的“队长”，这是他一生中第一个社会化公职。在此基础上形成了从1902年启动的天津各校联合运动会。运动会的比赛项目有：100码赛跑、200码赛跑、跳高、跳远、掷木球、拔河、盘杠子、夺旗杆等。位于天津南开区东马路94号的市少年宫，原为天津基督教青年会，是1913年由美国人修建的。这里有一座中国最早的室内篮球场。在球场里，经常可以看到王正廷的身影。王正廷后到天津新学书院任教。该校是1902年创办的，大学制，学制四年。新学书院不但设施完备，还有体操房、篮球场等体育场所。该校体育成绩在华北乃至全国都很闻名，是天津最早开展足球、篮球运动的学校。1905年前后，该校成立了学校足球队、篮球队。由于该校没有大的体育场，所以民园体育场成为新学书院师生们主要的运动与比赛场所。

王正廷在北洋大学堂当学生，在新学书院当老师，这两所学校的现代体育活动无疑给王正廷后来从事体育工作打下了基础。天津这块体育沃土激发了王正廷对体育运动的浓厚兴趣，使他坚定了强种强国的体育思想。王正廷后来无论是从政还是办学，在外事活动频繁的情况下，依旧十几年如一日地倡导与支持现代体育运动。王正廷为发展体育运动、提高国民素质、改变国人在世界上的形象与地位，奔走呼号，倾注了自己最大的热情与心血。

王正廷从20世纪初开始，就参与了当时基督教青年会的体育传播活

前排右起唐绍仪、胡惟德、刘冠雄、王正廷

天津少年宫室内球场

动。1911年，他与基督教青年会亚洲各国体育干事一起，发起组织了“远东体协”。此外，他还参加了自1913年开始的历届远东运动会的组织筹备工作，历任要职并是主要赞助人之一，曾担任第二、五、八届远东运动会会长。1922年，王正廷被选为国际奥委会委员，成为中国第一位和远东第二位国际奥委会委员。1924年，他被推选为新成立的“中华全国体育协进会”名誉会长，1933年任该会主席董事。1936年第十一届奥运会和1948年第十四届奥运会，王正廷均担任中国代表团总领队。

王正廷作为民国时期我国体育事业的重要领导人，他那种对体育事业不计名利、义无反顾的执着和努力推动中国体育走向世界、走向现代化的远见卓识以及勇于开拓、奋发有为的创业精神，值得后人学习和尊敬。正如中国台湾学者张腾蛟先生所言：“为我国体育事业献身献力的人士实在不少，可是要论态度之积极，参与之热心以及成就之辉煌，恐怕要数正廷先生为第一人。”在中国体育走向世界、走向现代化的漫长进程中，王正廷是一个值得重视的历史人物。王正廷虽任政界要职，但热心体育事业，并致力奥林匹克运动在中国的开展，是近代中国著名的体育领导人之一。抗日战争胜利后，王正廷任国民政府国策顾问、中国红十字会会长等职。1949年，王正廷赴香港，任太平洋保险公司董事长。1961年，于香港逝世，享年78岁。

# 第五节　民园春秋

提起民园这个名字，在天津可以说不仅是天津足球的代名词，很多人也早已经把它视为天津体育成长的象征。无论是全国联赛赛会制还是主客场赛制，民园都是毫无争议的主赛场，在全国也极具知名度。可以说民园已经成了天津人的一种情结。虽然相比于功能设施更专业、外形更具现代美感的泰达大球场和天津奥体中心，民园可以算是“老态龙钟”。但是天津球迷却依然把民园和英国的老斯坦福桥体育场相提并论，亲切地称之为“老斯坦福桥·民园”。有这样的称呼，不是因为它的规模，而是因为它的历史。到2023年，老白队（国家二队）落户天津已然75周年，而在2008年，民园也正式告别了中国足球职业联赛，因为它的老化与衰落，也因为它的滞后与陈旧。但不可否认的是，民园，这个天津体育乃至中国体育的发源地，已经成了天津人心中的一座丰碑，无论今后它的命运如何，在天津人心中它不会被遗忘，也永远不会倒下。

老民园的足球比赛

近代天津有两个体育场，均设在英租界。1910年，在英租界红墙道，建了一个体育场，称为“英国球场”。这里主要用于大型比赛使用，体育场没有跑道，却有砖砌的坚固围墙。场内设有木制看台，很结实，用于观看比赛。经常到这里参加比赛的，大都是外籍士兵，以英国、法国和意大利士兵为主。每到周末，体育场内人山人海，但不要门票，比赛随便看。经过百年变迁，现在这里是新华路体育场和新华路体育馆。

1903年，天津英租界从原墙子河以北（今南京路）向南面向外扩张到马场道一带。这片土地原来是城南一片低洼的沼泽地，后来在疏通海河时通过吹泥垫地，将此处填平。1918年，天津英租界工部局在这片区域发展房地产，并在建设的住宅中间留下一块空地作为备用。1920年，为了满足当时英租界侨民的娱乐和体育需求，英租界工部局在这片备用地上建起了一个占地41200平方米的体育场，也称“民园”。

1925年，苏格兰运动员，1924年巴黎奥运会男子400米冠军、200米赛跑铜牌获得者埃里克·利迪尔来到天津，英租界工部局邀请他参与设计天津英租界体育场（民园）的改造工程。于是，他根据自己对体育场的了解和经验对当时体育场的跑道结构和看台层次的改建工程提出了一系列意见和建议。

1926年初，天津英租界工部局以利迪尔带来的伦敦斯坦福桥球场的设计图纸作为参考，对体育场进行改造，用铁栅栏将该体育场围起来并沿着铁栅栏墙种植一圈大叶杨树，还在球场南北两侧设置了两座旋转门，之后又在体育场内的西侧建设了两个100米的看台，分别为木质看台和水泥看台。体育场内部又设立了500米的跑道、200米的直线跑道和两个足球场。1926年10月6日，民园体育场重新建成开幕，该体育场当时占地33000平方米，建筑面积20000平方米，为木板看台，能容纳近两万观众。

从20世纪20年代起，民园体育场的比赛均由天津万国体育会组织，体育会成员皆为中外业余体育爱好者。有的大型运动会和球类比赛，则邀请大型企业给予资助，如设在天津的开滦矿务局，就资助过在民园举行的多项运动会和球类比赛。自从19世纪末，现代体育进入天津，就如同种子进入沃土，很快生根发芽，硕果累累。天津作为全国公认的体育强市。来自各国各地的体育高手也纷纷来津参赛，如同曲艺和唱戏，谁不到天津的“码头”亮相，就成不了公认的名角。20世纪二三十年代，万国体育会在民园举办过万国运动会、足球赛、篮球赛、华捕运动会、西捕运动会、童子运动会、万国越野赛等。1929年，该体育场举办了万国田径运动会。

老民园的各国观众

1937年，日本发动侵华战争，为了防止日本飞机轰炸，天津英租界工部局在体育场大门前的空地上用油漆画了一个巨大的英国国旗。这面英国国旗直到1941年日本占领天津英租界之后才被除去。第二次世界大战期间，民园体育场曾被纳粹德国的驻津冲锋队强行征用用来举行阅兵仪式。1943年，日本军拆走体育场的铁栅栏和铁门。同年，工部局修建砖墙将体育场围起来，使原有面积缩小了一圈并将原场地内部的树木圈在墙外，原有的体育场主席台重新建立在北面并用砖砌成台阶，在原小主席台西门的侧面建立四间砖房，体育场西侧的木质和水泥两座看台仍然保留下来，剩下的围墙都用炉渣和沙土堆砌成了斜坡状的看台，东斜坡看台的中间建立十间砖房。田径跑道由原来的500米改为400米。1943年底，该体育场的“官称”改称为“天津市市立第二体育场”，但大家还是更爱叫它“民园”。

1949年，民园体育场成为陈毅率领的部队进行渡江战役之前的北方训练场。当时场内安装了秋千和活动船只等器具用以让北方的军人熟悉渡江作战。

老民园的跳高比赛

老民园的短跑比赛

1953年5月2日，在天津民园体育场举行了全国4项球类比赛大会，包括篮球、排球、网球和羽毛球4个项目，成为中华人民共和国成立后的首次4项球类比赛盛会，也是篮球、排球、网球和羽毛球首次全国比赛。篮球比赛的前三名是八一队、华北队、火车头队。网球运动在19世纪后期传入中国，当时群众生活水平普遍较低，这项“贵族”运动并没有得到普及。中华人民共和国成立后，网球运动得到迅速推广。1953年在天津举行的全国四项球类比赛大会，包括篮球、排球、网球和羽毛球4个项目，成为中华人民共和国成立后的首次网球盛会。

1954年，民园体育场进行了一次大规模改建，足球场地由原来的沙地改为草坪场地，并在体育场的四角搭建起24米高的木质灯架，使民园体育场成为当时中国第一座灯光球场。1976年，唐山大地震后，体育场停用，开始收容地震中的灾民。1979年，体育场大修并于1982年完工。新修好的民园体育场南北方向共设四层，首层为大厅，二、三层为贵宾室，四

民园大门外地面的英国国旗

层为技术服务中心。东西方向看台为三层。所有看台为13个分区和一个特区并设13个出入口和3个贵宾出入口，可容纳观众两万余名。整修过的灯光塔高48米，体育场西侧还设有高4米，长9米的电子记分牌。内部的足球场为108×68规格的足球场，外围设有8条塑胶跑道。1994年以后，民园体育场就一直是天津泰达足球俱乐部的前身天津三星队的主场，1998年，泰达接手球队后，又为民园体育场安装了塑料座椅。2004年，天津泰达将主场迁往泰达足球场。2011年，该体育场作为中国足球甲级联赛球队天津润宇隆足球俱乐部的主场。2011年6月，改名为沈阳沈北足球俱乐部的天津润宇隆足球俱乐部将主场移至辽宁省沈阳体育学院体育场。2013年民园体育场拆除，建成民园广场，于2014年5月对外开放。

# 第二章　利迪尔与民园

CENTURY OF MINYUAN

# 第一节　天津出生的娃娃

2014年，英国著名喜剧演员罗温·艾金森（“憨豆先生”）来上海录制节目，与大妈、大叔共秀广场舞。在2012年伦敦奥运会的开幕式上，他演奏了经典电影《烈火战车》的主题曲。该片曾获1982年奥斯卡最佳影片奖。影片男主角埃里克·利迪尔是英国著名短跑运动员，曾在巴黎举办的第八届奥运会上夺得男子400米冠军。

李爱锐

埃里克·利迪尔，苏格兰人，李爱锐是其中国名字。1902年1月16日，他出生于天津法租界海大道（现大沽路）的马大夫医院（现天津市口腔医院），是一位献身于天津教育事业的英国著名运动员和教育家。其父詹姆斯·利迪尔是英国伦敦会的传教士，1898年来华，先在上海，后辗转来到天津。利迪尔的童年是在天津度过的，他在天津长到5岁。1908年，6岁的埃里克·利迪尔和8岁的哥哥罗伯特回到英国，进入英国寄宿学校伊尔撒姆学院。历经了百年历史，在伊尔撒姆学院，埃里克·利迪尔的精神依然为后人崇尚，校方代表老师安琪拉·马克勒克表示：埃里克·利迪尔得了金牌以后，放弃了一

1924年，李爱锐与新学书院学生运动员

切名利，还是决定回到中国。他的母校就一直以他为骄傲，他们建立的游泳池、运动中心都以他的名字命名。所有的学生都会阅读有关他的事迹，学生最欣赏他的地方就是一种无私的奉献，总是以这为榜样。利迪尔最后毕业于爱丁堡大学自然科学系本科。利迪尔一生有一半以上的时间在中国度过。所以，中文名“李爱锐”的使用频次也很高。

李爱锐自幼喜欢运动，在爱丁堡大学读书时，便显示了杰出的体育运动才华。他不但是优秀的橄榄球运动员，更是一位径赛好手。1923年，在苏格兰的一次运动会上，李爱锐以优异成绩，夺得440码男子中距离跑冠军，从此被誉为“苏格兰飞毛腿”，并进入英国国家田径队。1924年夏天，在全世界44个国家和地区参加的第八届巴黎奥林匹克运动会中，李爱锐在跑道位置不利的情况下，以打破该项世界纪录的成绩荣获400米男子中距离跑冠军，并使纪录保持了许多年。

少年李爱锐兄弟

李爱锐在天津结婚

1925年夏天，李爱锐回到他的出生地天津，在新学书院任理科教员兼教英语和体育课程。有趣的是，其任教校与他的出生地——马大夫医院，只隔一条海大道。新学书院于1902年由英国基督教伦敦会创办。校园很宽敞，设施齐全，主教学楼是一幢仿英国牛津大学青灰色欧洲中世纪古堡式建筑。在李爱锐32岁那年，才和一个名叫佛罗伦斯·麦肯奇的加拿大小姐结婚。婚后他们住在英租界剑桥道（现重庆道）。据李爱锐的学生，已经年逾耋耄的于老先生回忆：听他的课是一种享受。他讲课生动活泼、循循善诱、深入浅出、能启发学生的思维，效果很好。由于他喜爱运动，经常能看到他和学生们一块活跃在运动场上，是学生的良师益友。他非常热爱中国、热爱天津，并能说一些地道的天津话。

虽然当了教师，利迪尔的运动生涯并未停止。1928年，在大连举办的国际运动会上，他轻松获得男子200米和400米跑冠军。1929年，为开好在英租界举办的“万国田径赛”，利迪尔亲自参加了民园体育场跑道的设计和施工监理，并在800米男子赛跑比赛中，荣获金牌，这是他的最后一个冠军。1991年6月，利迪尔的3个女儿把这块宝贵的金牌赠送给他任教过的天津第十七中学。20世纪70年代，英国著名制片人和导演戴维·普特南，把利迪尔运动生涯及突出成绩的故事编排成电影《烈火战车》（又译《火的战车》)。公映后获得很大成功,在1982年荣获奥斯卡原创剧本奖。

李爱锐全家福

利迪尔夫妇的第一个女儿帕特丽夏，于1935年生于天津，第二个女儿希兹于1937年生于天津。1937年七七事变后,天津被日军占领,利迪尔对日军暴行义愤填膺，对中国人民抗日战争十分同情，并以基督教的身份抢救被日军伤害的中国人。1940年10月，利迪尔夫妇在加拿大探亲，一年后回到天津，他仍执教于新学书院。1941年9月，他的第三个女儿慕莲在加拿大出生,但是利迪尔一直未能见到她。

太平洋战争爆发后，日军把天津租界英法等国侨民1400多人集中运往山东省潍县（现潍坊市）教会乐道院集中营。在集中营，利迪尔仍任教师，由于没有教材，他只得自己动手编写。他讲得很生动，外国侨民的孩子们都喜欢他,亲切地称他为“我们的埃里克叔叔”。利迪尔心怀坦荡,善解人意，充满了爱心。现在我们看到他的一些照片能依稀窥见他当年的风采。他中等个儿,身材匀称,体魄健壮,有些谢顶,一双眼睛好像总是在微笑。有一幅照片，是他在民园体育场获得冠军撞线的镜头，形象十分生动，英姿勃发。

李爱锐获1924年第八届奥运会冠军

1945年2月21日，在抗日战争胜利前夕，利迪尔因患脑癌，在山东潍县乐道院集中营去世，年仅43岁。全体集中营的侨民为他组织了隆重的葬礼。现在在山东省潍坊市第二中学操场一隅，长眠着献身于天津教育事业的英国著名运动员和教育家——埃里克·利迪尔。这个操场也是用他的名字命名的。坟前的墓碑是以李爱锐的故乡英国苏格兰马尔岛上的花岗岩雕成的。石碑的正文是：

埃里克·利迪尔运动场。“他们应可振翅高飞，如展翼的雄鹰。他们应可竞跑向前，永远不言疲累。”背面的碑文是：埃里克·利迪尔，埃里克·利迪尔于1902年在天津出生，父母均是苏格兰人，他在1924年奥林匹克运动会赢得400米赛跑金牌，其体育事业亦达到巅峰。他后来重返天津担任教师，埃里克·利迪尔曾被囚禁在今潍坊第二中学所在的一个集中营，并

李爱锐在民园

于1945年日军战败前不久在集中营内逝世。埃里克·利迪尔体现了友爱互助的美德，毕生鼓励年轻人为人类的福祉尽其所能。

# 第二节 中国的斯坦福桥球场

斯坦福桥球场，位于英国首都伦敦，为英超豪门切尔西足球队的主场，它于1877年建成。切尔西球队从1905年开始使用这个球场，已有110多年历史。现时可容纳观众4万多人。而场馆亦设有四个看台，包括东看台、西看台、马菲赫德灵看台、舒赫特看台。

斯坦福桥球场和切尔西队都有多彩的历史。斯坦福桥球场于1877年4月28日正式启用。在前28年中，它几乎是只供伦敦运动俱乐部使用，作为运动会的举办场地而不是作为足球场使用。1904年运动场易主，米尔斯和他的弟弟得到了所有权，此前他们还得到了球场附近一个大市场的地皮，计划在这块五千余平方米的地皮上建立一支足球队。最初这座球场是打算提供给富勒姆足球俱乐部使用的，但他们拒绝了这个机会。于是1905年诞生的一个新的足球俱乐部——切尔西足球俱乐部，成了斯坦福桥球场的主人。斯坦福桥球场由阿奇巴尔德·利思设计。最初的时候球场的东边有一个120码长的看台，可以容纳5000名观众。阿奇巴尔德设计的球场容量

英国伦敦斯坦福桥体育场

为10000人，是当时英国第二大的球场，仅次于当时举办足总杯决赛的水晶宫球场。

历史上英格兰人曾在约克郡的斯坦福桥发生过一场对维京人的著名战役。不过切尔西球场的名字应该和这段历史无关，而更多的是与当地的地标有关。18世纪的地图显示，在富勒姆路和国王路之间的地区包括了现球场所在的区域，地图上这里有一条斯坦福小河，沿着现球场东看台后面铁路的方向流入泰晤士河。地图上在小河穿越富勒姆路的地方有一个“小切尔西桥”的标注，这个地名最初称为“桑福德桥”，而小河穿过国王路的地方称为“斯坦桥”。现在看来，这条小河和两座桥的名字构成了“斯坦福桥”这个地名，之后又成了斯坦福桥球场的名字。现斯坦福桥球场的容量是4万多人，球场的区域也从最初的巨大椭圆形变成非常接近草皮的四边形。这座球场过去多年中基本没有大的变化，其中只有“老顶棚墙”还是原来那座球场遗留下来的。而在球场所占据的五千余平方米的地面上，还建起了两座四星级酒店、五个餐馆、会议设施、夜总会、地下停车场、健康中心和商业中心等现代化设施。现在的斯坦福桥球场已经和1876年时最早的那座斯坦福桥运动场截然不同了。

英超豪门切尔西队的队徽

在中国的天津市，有一个“中国的斯坦福桥球场”，这就是五大道街区的民园体育场，这是当年根据埃里克·利迪尔带来的斯坦福桥体育场的图纸设计的。

1920年，为了满足天津英国侨民的娱乐体育需求，英租界工部局在这里修建起了一个规模较大、较为先进的体育场，这就是民园体育场的雏形。1925年，利迪尔回到天津当老师。英租界工部局看中了他的运动才华和丰富阅历，邀请他参与民园的设计和改造。利迪尔早年曾在英国的斯坦福桥体育场进行短跑训练，当时在接到民园的任务后，他把从英国带来的相关设计图纸作为参考材料，而这份图纸正是斯坦福桥体育场建造时的设计图纸。该体育场在早年曾经是一个偏重于田径的综合性体育场，而民园在兴建时也不是作为专业的足球场，而是包括两块足球场地、一块田径场地、6条五百米跑道、6条二百米直线跑道的综合性体育场。这和斯坦福桥的设计十分相近，所以当时民园被称为“中国的斯坦福桥”。利迪尔根据自己的经验对跑道结构、看台层次等的改建提出了一系列的建议，这些在当时具有世界一流水平的设计，使民园以全新的面貌在1926年与世人见面。至此，这座占地33000平方米，建筑面积20000平方米，木板看台，能容纳近两万人的体育场，成为当时亚洲最大、最先进的综合性体育场，因为是英国侨民的体育娱乐场所，故得名民园体育场，多项重要国际比赛在这里进行。

民园体育场在中华人民共和国成立后历经辉煌。1951年，第一次全国足球比赛大会在此举行，并选拔出首批国脚。1953年，全国四项球类运动大会在此举行，时任国家体委主任的贺龙元帅亲临赛场。此后，民园成为国家足球队的训练基地。天津足球队在全运会、全国甲级联赛和全国足球锦标赛上共获五次冠军、五次亚军、五次第三名，成为中国足坛上一支名副其实的“王者之师”。1980年，天津足球队在此战胜了广东队，提前四轮夺得“文革”后的首个全国冠军。然而中国足球进入职业化后，天津足球却始终找不回昔日的豪气与霸气，相反收获更多的是失望的落寞与焦急的等待。

民园处于天津城市主中心和“五大道”旅游观光区的核心位置，必须发挥核心作用。民园体育场于2012年拆除并提升改造，如凤凰涅槃，华丽转身，再造辉煌。民园广场作为“中西合璧的城市客厅”集中概括了民园提升改造后的新形象，将打造成集“中外游客集散中心、特色文化博览中心、休闲体育体验中心、异国风味美食中心”为一体，中西文化交融的城市休闲广场。2014年春，焕然一新的民园体育场已向市民和中外游客开放。

# 第三节　新学书院的辫子足球队

天津新学书院由英国人赫立德博士于1902年创办，坐落于当时法租界的海大道（和平区大沽北路与赤峰道交口原第十七中学校址，现和平路地铁站）。该校是外国教会在天津创办的最早的学院，初为大学学制。虽然没正式设体育课，但课外体育活动很活跃，足球运动最为普及。由教师中的足球好手亲自传授，并经常临时组队与英兵营球队交手。每到下午放学后，总有几个学生在操场上踢球，当时他们身穿长袍马褂、脚穿高统长靴、头上盘着辫子，每踢到尽兴时，就脱掉长袍马褂，头上的辫子滑落下来拖在脖子后，这就是天津最早的足球队——辫子足球队，这个球队是该院学生自发组织起来的。由于该校足球活动开展得好，曾连续六年获“天津学校联合足球赛”冠军。1907年，该校与通县（今通州区）协和书院举办校际足球对抗赛，是我国最早的校际足球对抗赛之一。该校的足球队员袁庆祥（袁三响，后卫）、丁熙春（铁门丁，守门员）、赵洪林（前锋）、朱宝琛（后卫）孙思敬（中锋）等，他们是天津最早的足球明星，有的人曾代表中国队参加过远东运动会的足球比赛，并取得佳绩。

天津新学书院

袁庆祥是天津人，从小热爱体育。在新学书院就读时，擅长跳高和足球。1912年参加天津第九届中等以上学校联合运动会，获童子组跳高第一名。1914年代表华北参加第二届全国运动会，获跳高冠军。1917年和1921年两度入选中国田径队，参加了在日本东京和上海举行的第三、第五届远东运动会，皆获男子跳高冠军。作为新学书院足球队的主力队员，司职后卫，作风勇猛，技术高超，绰号“袁三响”，为球队赢得津门霸主和华北劲旅地位发挥过重要作用，并入选中国足球队出征远东运动会。丁熙春是天津人，民国初年在新学书院读书，其专长是撑竿跳高和足球。他曾于1917年入选中国田径队参加在日本东京举行的第三届远东运动会，勇夺撑竿跳高冠军。作为新学书院足球队的主力队员他司职守门员，反应灵敏，动作迅速，绰号“铁门丁”。他的基本动作全面娴熟，扑、跌、滚、抢、抱，各项技能无所不能，为球队赢得津门霸主和华北劲旅地位发挥过重要作用，并入选中国足球队出征远东运动会。孙恩敬（1903—1961）天津人。早年就读于新学书院，后在英美烟草公司及北宁铁路局供职。是20世纪二三十年代天津足球界骁将，他司职中锋，绰号“镇三山”，素有“北方李惠堂”之誉。先后效力于“新学同门队”、上海“乐华队”、天津“北宁”及“中华”足球队，并历任“北宁”“中华”足球队队长。在1935年和1936年获得“爱罗杯”和“万国杯”足球赛的冠军，并曾在随队出访日本时四战四捷。1930年，他曾入选中国足球队参加在日本东京举行的第九届远东运动会，随“乐华队”远征南洋诸国。中华人民共和国成立后，他曾任中国人民解放军空军足球队教练，天津足球委员会副主席等职。

1925年，埃里克·利迪尔回到天津。在新学书院当教师，他大力组织体育活动。当时，学院只有一个简易的篮球场，于是他提出建立健身房的计划。在学校资金困难的情况下，他发动学生参加义务劳动，在学校北部利用原“大来木材厂”空地，建成了一座设备较为先进的健身房。但这并不能开展田径和足球运动，于是利迪尔带学生们到“民园体育场”和“英国球场”（今新华路的和平体育馆）开展体育活动。由于民园体育场改建成功，不少大型比赛，包括一些国际比赛都在这里举行。利迪尔参与了民园体育场的设计改造，当然成了民园体育场的常客。那时，他住在“剑桥道70号”，就在体育场附近。每天早晨，他都要到这里跑步锻炼。而每年举行的为期三天的“校级运动会”，都安排在民园体育场进行。其时，彩旗飘扬、比赛精彩、欢声笑语、场面热烈。“英国球场”建于1910年，专供大型球类比赛，有较高的围墙，阶梯式的木制看台。到这里参加足球比赛的，大都是外籍士兵。每到周六和周日，体育场内总是人山人海，观众不要门票，可以随时进去观看。新学书院足球队，在领队利迪尔的带领下参加比赛。他的业余时间，几乎都是在这两座体育场度过的。

# 第四节　“飞人大战”纪实

埃里克·利迪尔得奥运会金牌后，于1925年回到天津，继续在新学书院当教师。由于忙于教学和修建民园体育场的缘故，1928年的第九届奥运会利迪尔并没有参加，400米冠军被德国选手奥拓·费尔沙获得。这届奥运会在荷兰首都阿姆斯特丹举行，有46个国家参加。德国在与奥运会中断16年后重新组队参赛，其成绩仅次于美国，获奖牌榜第二名。得知德国选手费尔沙获得400米冠军这个消息后，英国媒体大肆渲染金牌的旁落，是因为本国的优秀选手利迪尔没有参加比赛所致。这在欧洲体育界引起广泛关注，并打起了口水战。

自从现代体育进入天津，就如同种子进入沃土，很快生根发芽，硕果累累。1929年，天津已是全国公认的体育强市。来自各国的体育高手，也纷纷到天津参赛，如同说书唱戏一样，不到天津的“码头”亮相，就成不了公认的名角。这年10月，在沈阳结束的中、日、德三国田径赛，激起了天津人的体育热情。11月，天津《大公报》登出重要新闻：德国选手费尔沙博士在辽宁参加中、日、德运动会后应东北大学聘请，留校任指导。这次特意来天津、北京旅行，天津的西人体育会定于11月25日下午在民园体育场举行两项比赛——400米跑和800米跑。《大公报》再次介绍了费尔沙的辉煌经历：“自400米至1600米皆其所长，其保持之世界纪录多至四五项。”与之比赛的就是利迪尔。在他的比赛档案中，除1924年创造了400米世界纪录外，还保持着100米与200米两项英国纪录。1929年10月民园举行的万国运动会上，利迪尔获得400米跑的第一名。

1929年，为庆祝民园体育场修建工程竣工，天津英租界工部局决定在民园体育场举办一次大型的万国田径赛，邀请各国优秀田径选手参加。为了证明自己金牌的含金量，德国选手阿图·费尔沙决定到天津参加，要求和利迪尔进行一场“真正的比赛”。在天津的民园体育场，他俩见面了，并共同进行了训练。虽然比赛在遥远的东方城市天津举行，但在欧洲有很高的关注度。比赛前夕，美联社、路透社、德新社、安莎社等记者云集天津，争先报道这场盛事。天津的《大公报》《益世报》也发了消息。

这天下午，民园体育场阳光温煦。听说两位奥运冠军同场较量，许多外国人早早到赛场等候。天津的警备司令傅作义也到现场观战。当身高体壮的费尔沙上场时，观众报以热烈的掌声。德国侨民一边喊着他的名字，一边用力挥动着国旗。接着，主场作战的“天津选手”利迪尔也登场亮相，赢得了观众更热烈的掌声与欢呼。在400米跑比赛中，利迪尔战胜了费尔沙，勇夺冠军。这是他最后一次与世界级高手竞技获胜，也是他获得的最后一块金牌。在800米比赛前，为让两位高手休息，不让观众寂寞，特安排英法士兵举行了一场橄榄球赛。费尔沙在800米比赛中显示了实力，获得了冠军。两位奥运冠军在比赛中平分秋色，民园体育场的“飞人大战”永载史册。当时世界范围内的报道将此次决战冠名以“飞人大战”。而在全球体育界，一个新名词——“飞人大战”也就是在那个时候在天津的民园体育场诞生了。民园体育场的“飞人大战”永载史册，从此，“民园”走进了世界，世界也走进了“民园”。

# 第五节　利迪尔与吴必显

1925年，23岁的埃里克·利迪尔获得了第八届奥运会金牌以后，放弃了一切名利，回到他的出生地天津。在新学书院当教师，教化学课和体育课。1902年，英国人赫立德博士创办新学书院，是外国教会在天津创办的最早的学院，其前身为英国基督教伦敦会于1864年创建的养正学堂。新学书院的校舍是仿照英国牛津大学的欧洲青灰色古城堡式建筑。其位置是大沽北路与赤峰道交口原天津市第十七中学校址，现已不存。

从1925年开始，埃里克·利迪尔全身心地投入到新学书院的教学中来，在他的带动下，学校体育达到了鼎盛时期。1926年利迪尔带着学校的运动队参加天津市第一届中小学运动会，获得了田径赛冠军和高中组团体比赛总分第一名。1929年之后，他主要是组织学生参加各种比赛，培养学生运动员，比如跳高运动员吴必显、三铁运动员刘福英等。1936年，他是中国奥运会代表团的总教官，说明当时利迪尔对新学中

新学书院教师合影

学体育，以及对天津、中国的体育事业，都作出一定贡献，可称得上是现代奥运的播种人。他培养的中华健儿，代表人物就是吴必显。

吴必显1913年生于天津，在新学书院上学时就显现出极高的体育天赋，对跳高、撑竿跳、篮球、排球等项目都很擅长。20世纪30年代，吴必显曾多次代表天津参加大型运动会。1932年他与杨春泰等创办“华强队”参与竞赛活动，享誉津门。在第17届、第18届华北运动会上，吴必显连续夺魁，并打破跳高全国纪录。在远东运动会上，他跳过了1.871米，创造了当时全国男子跳高纪录，这也是中华人民共和国成立之前他保持的全国男子跳高纪录。1936年吴必显入选中国田径队，赴柏林参加的第十一届奥运会。当时，中国竞技体育还不甚发达，只有跳高和撑竿跳这两个单项成绩，超过奥运会的田径项目预赛标准，有希望进入决赛。赛前，新闻舆论对吴必显寄予厚望。但赴德旅程对运动员们来说，无疑是一场噩梦般的痛苦经历，长达28天的海上漂泊，使运动员们的体力消耗过大，难以恢复到原有的竞技水平。在1936年8月2日的奥运会赛场上，共有40名各国选手参加男子跳高预赛。孤军奋战的吴必显，轻松地跃过1.80米的高度，但未能跃过1.85米的横杆，失去了决赛权。吴必显后赴香港经商，1971年移居美国，仍从事旅美华人的体育工作，创建美国中华体育联谊会，任会长，连年举办全美华人运动会。1991年应邀担任亚太射击协会荣誉会长。

吴必显在比赛中

# 第三章　20世纪30年代忆往

CENTURY OF MINYUAN

# 第一节 华捕运动会很热闹

1931年5月13日下午，天津万国华捕运动会在民园体育场开幕，这是首次在天津租界内举办华人警察运动会。华捕，就是华人巡捕的简称，实际上就是警察。历史上，天津有九国租界。各国租界设有主管行政事务的工部局，工部局下辖有巡务处或警察队，由外籍巡捕和华人巡捕组成。如英租界巡务处，正职为督察长，由英国人担任；副职为巡务总管，由中国人担任。英租界华捕有500多人。法租界工部局下辖有警察队，正职为法国人，副职为中国人，华捕有300多人。还有部分专为大洋行看门的越南人，类似现在的保安，也穿警服，天津人称“小老法”。意大利租界下辖有警察局，正职为意大利人，副职为中国人，意租界华捕有130人。当时，天津人称租界的警察机构为“巡捕房”，称中国警察为“华捕”，称英法意等国警察为“西捕”。

民园外侨管乐啦啦队

天津的5月中旬，正是春暖花开的时节。运动会这天，天气晴好。下午，各参赛队员陆续进入赛场。称是万国华捕运动会，实际上主要是英、法、意租界的华捕运动员，还有一些外国人，如各队的教练和裁判员。还有来自法租界的越南人，在英租界维多利亚路（现解放北路）银行、洋行看门的印度锡克族人。看台上来了不少华捕的家属。那时的看台，主要在北侧，看台的两面，各有几间平房，作为办公签到和更衣的地方。宣布开幕后，运动员列队入场。这时的民园体育场很热闹，看台的观众，大声喊着队员的名字。只见队员、观众的服装各异，语言也各有不同。比赛项目主要有赛跑、跳高、跳远和拔河。表演项目有国术（中国武术）、格斗和体操。在跑道上进行的100米、200米和800米接力赛也进行得很激烈，多为英租界的华捕取得胜利，因为他们平时经常在民园体育场进行系统训练，可以说是有备而来。最热闹的是拔河比赛，观众的情绪十分热烈，大声呼喊着，为运动员加油助威。华捕们在比赛时神态各异，有的咬紧牙关，有的干脆赤膊上阵，大汗淋漓、笑声不断。拔河比赛的优胜者是法租界的华捕，他们身高体壮，占了很大优势，但赢得并不轻松。

# 第二节　童子运动会

在民园体育场的历史上，举办过专项的少年运动会并不多。1932年春季的童子运动会的规模就比较大。这次儿童运动会是由企业主持和协助开展的，主要是开滦矿务总局，这说明当时已经有大型企业介入体育活动了。运动会前的3月中旬，即开滦矿务总局发函给各校和运动机关。函件是运动会规章，并附有应当填写的表格，内容包括：每队一人一项，每队人数最多3人，接力4人，拔河8人。入会费为每人每项大洋5角，报多项可减。年龄要求，童子部16岁以下，成人部19岁以下。函件特别强调：凡匿报年龄违犯本条规章者，一经查出，必予重罚。其奖励也有明确规定，各队总分最高者，给予运动会锦标；每项比赛前三名，给予运动会奖章。运动会比赛共有三场，均在民园体育场进行。两场预赛分别是4月22日、23日的下午；正式比赛在4月30日，是个周六。这个邀请函最后写明入会时限：报名入会者，请将报名函连同入会费，寄送开滦矿务总局穆瑞收为要。这亦说明，当时大企业已介入体育事业。

天津开滦矿务局

1932年4月21日下午，首先举办万米越野比赛，这是为正式场内的比赛热身，起点和终点都设在民园体育场。参加越野比赛的运动员们，起跑后向西绕行墙子河，再向东折回来，在民园体育场内的跑道上撞线。参加比赛的每人奖励1元，每队封顶为4元。获得冠军之队，授予“华董银杯”。比赛时，天空多云，众多运动健儿在街道上奔跑，你争我夺、奋力向前；街上行人自动为其呐喊助威。这次运动会的重点是后三场正式比赛，有多队参加，小学有南开、汇文、亲民、私九、新民、中日、培才等，中学有南开、汇文、新学、大同、晨光、新民、中日等，大多为传统体育开展比较好的学校。4月下旬，正值天津春暖花开时节，中小学生们说着笑着，列队进入民园体育场。场内校旗飘扬，欢声雷动，比赛精彩。其项目有50米跑、100米跑、200米跑、800米接力、跳高、跳远和拔河比赛。最为热闹的是中学生的拔河比赛，共有20多个队参加，一个队一个队比下来，体力消耗很大，但队员们毫无倦意，兴致勃勃，越战越勇。而最热闹的是场上啦啦队员们，他们大声喊着、叫着，为队员们加油鼓劲。当时天津的《益世报》曾经为这届少年运动会刊发报道。

少年体操

# 第三节　万国越野赛

在民园体育场90多年的历史上，举办过很多场各种类型的运动会和球类比赛，还举办过越野赛跑和竞走。那是在1934年和1935年，比赛都安排在4月份，当时正值天津春季，天气晴好，花红柳绿，其时举办了两届较大规模的越野赛。在当时民园体育场内外，观众欢腾，盛况空前。天津的《益世报》对这些运动会进行了即时报道。

1934年4月26日下午，天气晴朗，民园体育场内彩旗飘扬，人声鼎沸，中外观众坐满了看台。大家在猜测着谁能夺冠，因为他们对参赛运动员都很熟悉。这些比赛由天津万国业余体育会组织的，体育会成员皆为中外业余体育爱好者。有的大型运动会和球类比赛，则邀请大型企业给予资助，如总部设在天津的中外合资企业——开滦矿务局，就资助过在民园举行的运动会和球类比赛。

在民园体育场举办“万米越野赛跑和二英里竞走比赛”。首先比赛的是万米越野赛跑，参赛的有中国、法国、英国和日本的共24位运动员。运动员先在民园体育场绕场一圈后，由东北角门跑出，奔向墙子河一路迤逦而行，最后折回民园体育场。跑在前面，争夺最激烈的是英、法选手，他们交替领先。在返回途中，中国运动员吴文麟与日本运动员横田争夺激烈，不相上下。比赛结果如下：前三名为英国运动员凯莱范、法国运动员多利斯、英国运动员夫利兰德；横田第十一名，吴文麟第十三名；最后三名均为日本人。当越野赛出发后，复在场内举行二英里竞走比赛，由美国运动员、意大利运动员参加，结果是美国运动员外悌夺冠，第二、三名均为意大利运动员。

1935年4月15日下午，在民园体育场举办了“万国越野赛跑比赛”。原定有中国、英国、法国、美国、意大利、苏联、日本七国运动员参加。但在比赛即将开始时，苏联、日本运动员临时宣布退赛。这天是多云天气，有些风，还有些阴冷，但这丝毫也不影响运动员的比赛热情和观众的欢声笑语。参赛运动员先从民园体育场跑出后，向西前行，然后折回场内，再绕场跑一圈后，到达终点。跑在最前面的均为欧美选手，中国健儿刘子桐是第十位跑进民园体育场的，场内的观众大声呼喊着他的名字，眼看就能获第十名。但突然间场上风云大变，在距终点50米处，法国选手斗瑞斯、意大利选手亚巴悌后来居上，健步如飞，冲刺时均超过刘子桐。结果英国运动员瓦洛斯折桂，英国运动员饶滨森、意大利运动员奥悌奥拉分获第二、第三名。中国运动员刘子桐获第十二名。在前三十名中，有8人为中国运动员。团体成绩名次为：英国、中国、法国、意大利、美国。

多年来，民园体育场的各类运动会和球类比赛，对推动天津体育事业的普及和发展，起到了一定的作用。

# 第四节　张伯苓与民园

张伯苓

1950年，在周总理直接安排下，张伯苓夫妇乘机从重庆来到北京，住在傅作义寓所，周总理看望了张伯苓夫妇。后张伯苓回津，借住在位于常德道的卢开瑗家，两周后，迁住大理道87号（现39号），与三子张锡祚同住。该楼为3层英别墅式楼房，位于民园体育场西南侧。

该楼有宽敞的庭院。南开的老校友常来看他。每逢周五，他都邀请一些老校友欢聚和畅谈. 有时也去听听小彩舞(骆玉笙)的京韵大鼓，韩俊卿、银达子的河北梆子。他感到生活很舒心，对家人说：“从前办南开坎坷不平，以后就是平坦大道了。”1951年2月14日晚，张伯苓突然中风；9天后，与世长辞，享年75岁。张伯苓一生没有资产积蓄，病逝后，家人从他的衣兜里发现7元多钱和两张过期戏票。这就是张伯苓留给儿孙们的全部遗产。周总理在张伯苓逝世的第二天从北京赴津吊唁，为张伯苓送了花圈，花圈缎带上写着“伯苓

大理道 39 号的张伯苓旧居

师千古,学生周恩来敬挽”。

作为“中国奥运第一人”,张伯苓应该被后人永远铭记。1907年10月24日,在天津学校第五届运动会上,张伯苓发表了中国要参加奥林匹克运动的演说,被称为“中国奥运第一人”。作为教育家,他提出德育、智育、体育并进,发出“强我种族,体育为先”的呼声。张伯苓把奥林匹克运动引进南开学校,促成中国运动员刘长春参加奥运会。他与国际奥委会建立了联系,并亲自创建了中华全国体育促进会。1908年和1917年,他两次赴美考察教育,亦考察了学校的体育设施,归国后筹办南开大学。1919年,南开大学正式开学,校园内的体育设施很完善。张伯苓最早住南开一纬路六德里的中式三合院。抗战胜利后,张返津居住,地址在南门外大街272号。后住大理道87号(现门牌39号)。

在近代天津教育界,张伯苓和利迪尔都是知名人物,两人也认识。利迪尔在奥运会得了金牌以后,于1925年回到天津,继续在新学书院当教师,兼任南开学校的体育教员。张伯苓曾邀请利迪尔到体育场讲授田径课程,现场辅导并做示范表演。南开学校体育部主任章辑五,毕业于直隶高等学校,后留学美国,获得体育硕士学位。他自1915年在南开任教,到1937年,20多年来一直负责南开体育教学工作。他曾在民园“飞人大战”后,邀请利迪尔和费尔沙到南开学校指导体育活动。巧的是,利迪尔住在民园东北侧的剑桥道上(现重庆道)。应该说明的是,两人的住房虽离得很近,但住的时间并不交集。利迪尔的居住时间是20世纪20年代末到20世纪30年代末,而张伯苓的居住时间是20世纪50年代初。

# 第四章　民园噩梦

CENTURY OF MINYUAN

## 第一节　创伤与痛苦

在民园的历史中，有很多难忘的记忆，令人回味与深思。近代中国是半封建半殖民地社会，民园的历史，也因此被打上了历史和时代的烙印。

1937年七七事变，日本发动了全面侵华战争。日本对华北垂涎已久，

日军占领天津

首先就是要占领北平和天津。1937年7月27日，日军占领天津各火车站。同时为了消除中国军队的抵抗，出动大批飞机轰炸津城。7月30日，日军用大炮和飞机轰炸了市政府、警察局、造币厂、法院、电台和铁路总局大楼等。南开大学作为天津抗日活动中心，惨遭日机的轮番轰炸，学校内的图书馆、教室、宿舍被炸毁。日军的野蛮轰炸，不仅造成房屋被毁和燃烧，

日军轰炸南开大学

还造成两千余天津市民死伤，真可谓罪行累累、罄竹难书。日本飞机的狂轰滥炸，使天津英租界当局非常紧张，英租界工部局赶紧研究对策。他们在天津英租界中心位置的五大道上画了一个标志——即在民园体育场大门前的空地上，用油漆画了一个巨大的英国米字国旗，四面还建了一些围栏。民园门前的空地很宽敞，是个马路通道，可这个标志画上后，变成了两条窄马路。这面地上的英国国旗一直存在了四年，直到1941年，日军占领天津英租界之后才被除去。这展现了天津一段屈辱的历史。

在中国的土地上，一个帝国主义国家的国旗——英国国旗在宣示着权力，而另一个帝国主义国家的飞机——日本侵略者的飞机，又在中国土地上狂轰滥炸。我们永远不能忘记这段屈辱的历史。

无独有偶，另一段屈辱历史是在20世纪40年代初，也是发生在民园。民园是当时天津面积最大、设备最为齐全的综合体育场，那一年曾举办过天津最大的纳粹阅兵式。天津历史上有九国租界，其中德国租界范围基本相当于现在天津河西区的大营门街和下瓦房街。一战爆发后，1917年8月，中国政府宣布接收天津德租界，改为天津特别行政区一区。德国战败后，德国政府声明承担《凡尔赛条约》中有关在华租界条款，中国政府正式将天津德租界收回。由于二战期间德、意、日三国形成轴心，1937年七七事变后，大量德国人来到天津。因此才有了纳粹德国在天津民园体育场的最大一次阅兵仪式。当时，纳粹德国的驻津冲锋队在民园体育场进行大阅兵，全场看台上飘扬的都是德国帝国主义象征的“卐”字旗，坐满了穿戴整齐的德国人，还有意大利等其它国家的人，山呼海啸的欢呼声在体育场数十米外都可以听到。阅兵式后，从民园体育场出发，还进行了德国人的街道游行活动。

20 世纪 40 年代外国军队在民园

二战时期的大阅兵可以说是民园最为屈辱的一段历史，但也正是这段历史，让民园这个不仅经历过辉煌也经历过痛苦的形象，显得更加鲜明生动与真实。

## 第二节　在战争阴影下

1937年日本军国主义者全面发动侵华战争，天津沦陷，一些素有体育传统的学校或被查封停办，或被迫迁移内地，不少体育人才随之外流。为了防止日本飞机轰炸，天津英租界当局在民园体育场大门前的空地上用油漆画了一面巨大的英国国旗。这面国旗直到1941年日本占领天津英租界之后才被除去。从1937年到1941年，民园体育场没有开展体育活动，成了堆放杂物的料场。1941年太平洋战争爆发后，天津租界内的体育活动也受到压制和摧残。在此期间，民园体育场成了日军的操练场。天津的日伪政权为了粉饰太平、麻痹人民，举办过一些旨在推行奴化教育、鼓吹亲"满"媚日的体育竞赛活动。如"日满华交欢竞技会"就在民园体育场举行，主席台上，日本天津驻屯军司令官、天津日伪政权头目悉数登场，但参加人数寥寥。

日军深陷战争泥潭，军事资源越来越枯竭，日本在天津对战略物资的掠夺加剧。在"治安强化运动"中，当局多次强迫天津人民进行"献铜""献铁""献金""献机"运动，民间的铜铁杂物，如铜门环、铜牌匾，寺庙的铜佛、铁钟、铜磬，海河岸边及民园体育场周围的铁栏杆，皆难逃劫运。1943年，日本人拆走民园体育场的铁栅栏和铁门。同年修建砖墙将民园体育场围起来，使原有面积缩小了一圈，并将原场地内部的树木圈在墙外，原有的体育场主席台重新建立在北面并用砖砌成台阶，在原小主席台西门的侧面建立四间砖房，体育场西侧的木质和水泥两座看台仍然保留下来，剩下的围墙都用炉渣和沙土堆砌成了斜坡状的看台，东斜坡看台的中间建立10间砖房。田径跑道由原来的500米改为400米。1943年底，该体育场改称为“天津市市立第二体育场”。

有位生于1938年中学退休教师，她原住常德道民园西里，与民园体育场近在咫尺，1942年的往事她还能回忆起来。那年她6岁，一个夏天的上午，保姆带着她和大她3岁的哥哥到民园体育场玩，那时虽然有铁门，但常年开着。玩的内容是在树下捉迷藏和在水泥看台跑上跑下。一会儿，一队日本兵到场内操练，天气炎热，练得满头大汗。他们休息时，一个日本军官看到有中国小孩，就假惺惺拿出糖果送过来。保姆和两个孩子很害怕，很快离开了民园体育场。老人最后说：“那日本人的恶心样子我永远都记着。直到现在，有日本人的影视剧我从来不看。”那位退休教师于1943年看到了日本人差使民工拆走民园体育场的铁栅栏和铁门的情景，至今新鲜如昨。

# 第五章　忆当年秋运会

CENTURY OF MINYUAN

# 第一节　秋运会开幕式

1946年9月9日，由天津市教育局和津体协会共同组织了一个盛大的体育节。主会场便设在当时的天津第二体育场，就是民园体育场。这个体育节，如同天津体育界的“嘉年华”，很是热闹。有市民越野长跑比赛、体育游行表演、足球赛、篮球赛、排球赛、网球赛、国术（中国武术）表演、文艺演出等活动。

1945年在民园召开抗战胜利大会

当天早晨8点开始，是市民越野长跑比赛。起点是大胡同南口的消防队门前，经罗斯福路（今和平路），至国民饭店折向赤峰道，经耀华学校与河北路到比赛终点——民园体育场。参加比赛的运动员共有153人。比赛那天，是个多云天气，来自天津各社团的运动员争先恐后向前奔跑，大汗淋漓。沿街有不少市民为其鼓劲，大喊“加油”，场面十分热烈。由天津体育界名人、著名教练齐守愚先生任总指挥，他在汽车上指导比赛。上午9点之前，运动员陆续到达民园体育场。9点9分，举行“体育节”庆祝大会开幕式，共有来自天津各机关、体育团体30多个单位，6000多位运动员参加。开幕后，即进行了体育游行表演。凡参加庆祝团体均须列队，从民园体育场出发，经河北路转往劝业场方向。体育游行表演有三个节点，一是劝业场与交通饭店对角处的空地、二是东南城角、三是东北城角。表演项目有国术（中国武术）、双杠和徒手操。参加国术表演的，都是顶尖好手，均拿出了独门绝技。一时南拳北腿、刀枪剑戟，表演精彩，观众情绪高涨。天津历来是武术之乡，1945年，天津第四十九国术社成立，于景任社长。由王洪恩、王克昌、卜恩富、李春芳等任教，主要教授形意拳及通臂拳、摔跤等技艺。除上述主要武术组织外，天津市还有李瑞东创办的天津武德会、张喆创办的通臂拳术社、谷凤鸣创办的风云国术社、周树林创办的修武国术社、曹金藻创办的市隐国术社等。至中华人民共和国成立前夕，天津街面有经国民政府民政部门批准、注册的国术馆就有113个，此外还有众多的拳社和国术社。天津的武术组织可见一斑。

1947 年秋运会

从下午的2点开始，在民园体育场进行单项国术表演，表演者有中华国术学会中央国术馆的武术家、天津市国术馆的武术家和来自天津民间的武林高手。国术表演结束后，5点开始足球比赛，由勇津足球队对阵中联足球队。在耀华学校体育馆还有篮球、排球比赛。篮球是泰东队对阵津电队，排球是南红星队对阵白鸥队。

# 第二节　总裁判齐守愚

1945年日本投降后，齐守愚也回到了阔别数年的故乡天津。随着利生体育用品厂的恢复生产，他更钟情于体育事业。1946年，天津体育协会成立后，齐守愚当选为理事。当年恢复“九九体育节”后，连续三年的庆祝活动，齐守愚都是筹备委员会委员，担任着各项体育比赛的总裁判、总指挥，并慷慨地为活动提供了经费。体育节主会场便设在民园体育场。

齐守愚1901年生于天津武清，自幼在教会学校读书。大学预科毕业后，供职于北京育英中学，除教授文化课外，还兼任体育、音乐教员。同时他还在燕京大学制革专科进修，并参加了该校的篮球队，因为球技超群而成为球队主力，屡为球队立下战功，后加入北京基督教青年会“老母鸡”篮球队，南北征战，在篮球界颇具声望。1927年，经董守义推荐，应张伯苓之邀，齐守愚到南开学校任教员兼篮球教练，颇有建树，深得张伯苓赏识。1929年至1932年，齐守愚奉派赴美国留学，深造体育及皮革专业。

回国后，为了让他学有所用，更好地发挥专长，张伯苓举荐他到孙润生开办的利生体育用品厂，任皮革厂厂长。尽管他离开了南开学校，但仍关注着南开体育。南开学校每到外地参加大型体育赛，他都是解囊赞助。受张伯苓的影响，齐守愚热心社会体育事业，在天津体协成立之初没有办公用房时，利生体育用品厂就成了市体协开会、活动的场所。天津代表队参加华北运动会、全国运动会时，他不但为运动员提供服装、体育器材，还为获奖运动员提供奖品。1935年，天津体协改选时，齐守愚被公推为副会长。第六届全国运动会上，齐守愚还担任了径赛裁判员。选拔第十一届、第十四届奥运会篮球运动员时，他都是华北区选拔委员会的重要成员。1947年12月7日，中华全国体协总干事董守义来津，与张伯苓等商议选拔第十四届奥运会篮球运动员事宜，是在马场道伟夫路（今湛江道）齐守愚家举行欢迎晚宴时进行的。

抗战期间，天津沦陷，工厂处于停滞状态。齐守愚遂赴重庆组织了中美联合企业股份有限公司。日本投降后，公司迁回天津。1948年，经公司董事会议决，派齐守愚赴美国扩展业务，开办分公司，扩大利生体育用品厂的出口业务。齐守愚原定在美国公干一年半后回国复职，但由于时局的变化，齐守愚未能如期回国。此后，他便留在美国定居。齐守愚作为天津体育界名人、利生体育用品厂的创始人，待人热情豪爽，妻子也是美国人。他们居住在东海岸北卡州教堂山市，多次在家里接待天津老乡。

## 第三节　“体育界兼全人才”章辑五

章辑五（1890—1978），字济武，天津人，近代著名体育教育家、理论家。他曾任民国时期天津体育协进会第一任会长、天津学校体育联合会会长、中华童子军总干事、天津南开学校体育部主任，是“教育界不可多得之兼全人才”。

南开体育老师章辑五

1910年，章辑五毕业于直隶高等工业学校机械工程科，曾在学部复试，列最优等第一名，获举人学位，留任教授物理、英语等科，兼职课外体育活动管理；后留学美国，获得体育硕士学位。1912年，他任天津、大连、上海等地的美孚石油公司工程师。1915年，应张伯苓之邀，到南开学校任物理、英文等科教员，兼课外运动管理及童子军教练。20世纪二三十年代，他长期担任南开大学、中学、女中、小学四部体育主任，带领南开健儿在全市、全国乃至国际多种赛事中取得骄人战绩。1923年，因感于中华民族体育教育之急需，他受张伯苓委派到苏州东吴大学体育系进修一年，随美国体育名家麦克乐先生研究中国体育问题，并考察南方各校体育状况。1924年，章辑五重返南开学校后，担任南开大学、中学、女子中学、小学四部体育主任，以“普及化”和“科学化”为导向，全面提高体育课堂教育、健康教育，重视学生营养，提倡课外活动，奋力带领南开体育健儿在国内外多种体育赛事中取得骄人成绩，起到了引领示范作用。章辑五在南开体育教育中作出的突出贡献，得到体育教育界的一致好评。1927年，天津体育协进会在南开中学议事厅召开成立大会，章辑五被推选为会长。十年时间，天津体育协进会得以迅速扩大，拓宽了社会体育的群众基础，团体会员达66个。协会积极开辟新的运动项目，组强选拔运动代表队，参加和组织城市间及国际对抗赛。这期间，他推动建立裁判考试选拔制度、组建高尚公共体育娱乐场所，大力倡导和推进女子及小学体育，编印和出版了《天津体育协进会年刊》。这促使天津体育从学校走了向社会，从而进一步使社会体育走向群众化、有序化，开创了天津社会体育繁荣发展的新局面，在我国近代体育史上确立了重要地位。

1933年，经南开大学张伯苓推荐，由河北天津体育协会教育厅资助，章辑五历时20个月到德国、意大利、英国、法国、苏联、芬兰、瑞典、波兰等19个欧洲国家考察体育；1934年，并赴美国哥伦比亚大学师范学院深造，获体育硕士学位。一系列考察使他更加深入地了解欧美的体育，并对中西体育进行客观、全面的比较。1935年回国后，章辑五仍任职于南开教育，同时积极著文向群众介绍欧美体育文化，并编著《世界体育史略》一书。在书中，他针对中国体育现状，详述对体育的理解，提出改革与发展的思路与建议，成为沟通中西体育文化的使者。抗战期间，他先后任教育部国民体育委员会专任委员兼设计组主任，云南大学统计学教授、体育主任、训导长等职。1946年，章辑五任国立体育师范专科学校校长。1949年后章辑五迁居香港，1957年和家人赴美国，在一所私立大学教书，直到1975年退休。在早年的《体育周刊》“名人传”中这样评价章辑五：“任事热心，不畏艰难，天津体育发达之有今日，君奔跑之功实不可抹杀也。”1978年，章辑五在美国马里兰州病逝，享年89岁。

2016年10月9日，美国卫生部健康保健数据中心原主任章以滇女士一行访问南开大学。章以滇女士是近代著名体育教育家、南开名师章辑五先生之女。南开大学校史工作领导小组副组长刘景泉在八里台校区服务楼会见了客人，校史研究室负责人陪同。刘景泉对章辑五的家人访问南开表示热烈欢迎。他说，章辑五先生曾担任南开大学、中学、女中、小学四部体育主任，协助老校长张伯苓推进“四育并进”的教育，南开系列学校作为新式学校的意义在于借鉴了以科学民主为旨趣的西方教育精神，密切联系中国社会实际，主张德、智、体、美四育并进；其意义在于教育的独立性，一个教育自主的南开学校形成了自己独有的培养方式和独特的课程体系，如果说南开在当时与众不同的学科设置拓宽了学生的知识结构，那么南开的课外活动则培养了学生的政治理想爱国情怀和高尚的人文追求。

注重培养学生健全的人格，为南开体育事业及人才培养作出了重要贡献，章辑五的体育教育思想至今仍有深远的影响，要很好继承并发扬光大。刘景泉说，南开大学重视校史工作，怀念在学校发展中作出贡献的前辈，要很好地研究和继承他们的教育思想，弘扬在他们身上所体现的南开精神。《章辑五体育文集》是南开大学校史丛书中的一部，今后南开大学还将进一步深入研究章先生的体育教育思想。章以滇女士及家人对南开大学出版《章辑五体育文集》表示感谢，为南开、天津与祖国的迅猛发展感到自豪，表示今后将进一步加强与南开大学的联系。

# 第四节　“体育达人”严仁颖、张锡祜

严仁颖

张锡祜

严仁颖、张锡祜都是南开学校的学生，是著名的“体育达人”。

1946年8月底，天津举办“筹备9月9日体育节”（秋运会）会议，全国体育协进会总干事董守义由平到津列席会议。会上决定特聘部分实业家以及理事严仁颖、李清安、齐守愚为委员，主会场设在民园体育场。提起严仁颖，可以说是当时体育界“达人”，名声很大。严仁颖（1913—1953），天津名宿严修（范孙）之孙。他天资聪颖、亢奋好动、爱好广泛、兴趣多样，不论是体育活动，还是戏剧表演，都表现出超人的才华。严仁颖是天津体育协进会委员，还是南开学校南敏体育会的创始人之一。该体育会是在张伯苓校长的感召和支持下，采取俱乐部形式创立的。在当时天津的学校中，属于规模最大、人数最多、组织最健全的体育社团。南敏体育会下设有足球队、篮球队、排球队、田径队等。其中9人制的南敏排球队人数居各队之首，同时拥有一、二两队。在张伯苓校长的帮助下，当时特聘天津著名排球教练陶少

南开学校

甫为指导，严仁颖、张锡祜均为排球队主力队员，经过几个月严格的专业训练，队员们的基本功、攻防技术和整体战术意识都有了系统提高。队员们迅速掌握了近体快球、打探头球、掩护强攻、拦网、垫球、鱼跃救球等攻防技术。1934年该队出征北平，教练陶少甫因公务在身，领队严仁颖因父亲去世都没能前往。但充满信心的南敏队与燕京大学队、铁道学院队交锋，仍获得七战七胜的佳绩。随后远赴南京、杭州、上海，与正在航空学院学习的张锡祜会合，以3∶0力克金陵大学队、航空军官学校队。到上海首战上海体育专

南开大学现校徽

科学校队，经过激战，以3∶1取胜，接着迎战当时国内最负盛名的复旦大学队。这场扣人心弦的比赛打得异常激烈，前四局打成2∶2平手，激战三小时，最终南敏队以3∶2险胜。尽管每局比赛两队只有两三分的差距，但南敏队灵活多变、勇猛顽强的作风和高超球技，征服了现场观众和媒体记者，天津的排球实力亦在全国得到了认可。南敏排球队的成功经验迅速传遍津城，为体育俱乐部性质的体育社团起到了良好的示范作用。这时，不但各校都成立了排球队，而且还涌现出许多民间俱乐部性质的排球队。这些民间排球社团，打破行政单位界限，如“津华”“南星”“北华”等队，如雨后春笋般蓬勃发展起来。其时，天津体育协进会更将原来校际零散的排球比赛组织起来，举办全市性的排球公开赛，公开选拔优秀选手参加华北运动会和全国运动会。一时间，天津排球热兴起，参与人数超过足球，天津排球运动进入鼎盛期。

在近现代中国的学校社团中，南开话剧团一骑绝尘，以新鲜活泼的话剧演出，扬名津门，被誉为“北国话剧的摇篮”。从1930年开始，严仁颖担任校庆游艺会主席，其独具匠心的设计和安排下，在多达28项游艺活动中，《错》《好事多磨》《虚伪》等独幕剧脱颖而出，演员表演各尽所长，赢得观众交口称赞。1931年春，他因主演话剧《谁的罪恶》中的一个主角，被称为“海怪”。

1934年秋，在天津举行的第十八届华北运动会开幕式。有南开中学啦啦队的排字表演，总指挥严仁颖的出色表现轰动一时。队员每人一面布质排字旗，能两面排字，字形都是严仁颖先生和李若兰夫妇共同设计的，每次排一个字，依次是:“毋忘国耻”“毋忘东北”“收复失地”“还我河山”。每排完四个字，全场观众都热烈鼓掌，热情欢呼。《大公报》把这些排好的字照了相，按顺序连在一起，放在头版，真是激动人心。在场的日本驻津总领事立刻表示抗议。张伯苓校长当时是大会总裁判，正坐在主席台上，他对这种蛮横抗议根本不理睬。

1936年夏，严仁颖到上海《大公报》任体育记者兼编体育版，开始了他的新闻生涯。1941年底，严仁颖离开重庆到美国大学进修，同时担任《大公报》驻美特派记者。近四年的旅美生活，他的足迹遍布美国各大州，为《大公报》采写了大量的通讯和特写以及人物专访，均受到国内读者的欢迎。1947年，《大公报》出版部将严仁颖旅美撰写的通讯结集出版，取名《旅美鳞爪》并由张伯苓题写，发行两万册之多。1945年秋，严仁颖由美返津。此时天津《大公报》正准备复刊，他担任了副经理，主持经理部的工作，年仅32岁。1948年，严仁颖辞去天津《大公报》副经理的职务，只身赴美国纽约与家人团聚。在纽约期间，他在华美协进会工作，兼而撰写新闻稿件，在一些话剧、电视剧中客串小角色。为了生计，他活得很累，特别是长子、次子相继去世后，客居异乡的严仁颖更加思念故土。中华人民共和国成立后，周恩来总理十分关心严修后人的情况，当周总理了解到严仁颖在美国的窘况后，曾对国内的严仁曾说："叫老十（严仁颖是严修的大排行第十个孙子）回来吧！运动会啦啦队组字是他的首创，回来搞体育、搞话剧、搞新闻都好啊！"可是，当这话辗转传到美国时，严仁颖却已因脑出血于1953年8月9日病逝了，年仅40岁。

严仁颖的妻子李若兰是李希光大女儿。李希光（1896—1958）南开中学毕业，后供职于天津北四行。李希光的夫人金粹贞（1898—1938），是津门金氏家族姑奶奶。金粹贞生四个子女，大女若兰、次女珠兰、长子如松、三女芝兰。李希光是南开新剧的活跃分子，与周恩来同台演出的就有四个戏（在1914年演出的《恩怨缘》中，周恩来饰演烧香妇，李希光饰演烧香叟。在1915年演出的《一元钱》中，周恩来饰演孙惠娟，李希光饰演饭店伙计。在1916年演出的《仇大娘》中，周恩来饰演蕙娘，李希光饰演仇仆。在1916年演出的《华娥传》中，周恩来饰演华娥，李希光饰演差兵。）金粹贞去世后，李希光续贤查良蕴。查良蕴（1915—2007），原籍浙江海宁，系津门查氏后人，称为“北查”，与查良镛（金庸）同宗。李希光与查良蕴结婚后育有四个子女，分别是：次子如柏、三子如茂、四女健兰、五女芬兰。李若兰（1916—1998）一直居住在美国新泽西州韦恩市。严仁颖与李若兰育有四个儿女，长女严文峨、次女严文津、长子严文祖、次子严文海。李若兰1981年曾回津省亲，住进了天津第一饭店，见到了久违的亲戚和好友，感触良多。1929年3月14日，南开“校父”严范孙在天津病逝，享年69岁。遍及全世界各地的南开校友捐款，在南开中学建“范孙楼”，并塑造了铜像。1991年，李若兰偕次子严文海，回津参加了南开大学举办的严范孙铜像奠基仪式。1992年，76岁的李若兰又回到故乡天津，住进了友谊宾馆，参加了南开大学举办的严范孙铜像落成仪式。

再说张锡祜，由南开老校友提供的张伯苓校长四子张锡祜于1937年8月2日晨出征前，写给父亲的亲笔家书和他站在飞机前的留影。这封家书向父亲表达了他作为中国一名空军战士，早已置生死于度外，忠孝不能两全，即刻“出征”——飞上天空，为抗击日寇，随时准备牺牲以身殉国的心志。就在他写完这封家信12天后的1937年8月14日，张锡祜不幸遇难，这封家书也成了他的遗书。张锡祜（1911—1937）1932年毕业于南开中学，身高达二米，在运动上颇占身高优势，是南敏排球队扣球得分手。由于张锡祜“鹤立鸡群”的身高，被称为“陆怪”。1931年9月18日，军侵略中国东北，国势危殆，寒假时高三学生张锡祜等八名同学成立自行车通讯队，由军训教官带领赴长城抗战前线军中服务。1932年自南中毕业后，他毅然弃学离家，投笔从戎，考入在杭州笕桥的中央航空学校，第三期毕业。

民国二十三年（1934）十二月二十七日，中央航空学校举行第三期首届毕业典礼与恳亲会，典礼庄严隆重，学生家长代表张伯苓先生应邀出席并致谢词。张锡祜毕业后，任空军第八大队第三十中队队员，驻防江西，后升任分队长及中尉队员。1937年8月14日，日军登陆淞沪战起，奉命与马兴武由江西吉安飞赴南京对日作战，当时气象测报不良，又急于炸敌，冒险飞行，终因天气恶劣，在中途临川上空遇雷雨失事殉国，时年26岁。

## 第五节　“中国篮球运动之父”董守义

1946年秋，由津教育局和体协会共同组织了一个盛大的“体育节”，也称“秋运会”。主会场便设在当时的天津第二体育场，就是民园体育场。时任全国体育协进会副总干事的董守义从北京来到天津，出席了“体育节”筹备会和开幕式。董守义是从天津走出去的，是中国乃至世界体育界的重要人物。

董守义

董守义（1895—1978）河北蠡县人。我国著名体育家、体育教育家、社会体育活动家、中国现代体育事业的奠基人之一。1916年毕业于通州协和书院。1923—1925年留学美国，回国后在南开大学任教。1930年任北京师范大学教授。1936年曾为中国体育考察团成员，赴丹麦、瑞典、德国等16国进行考察。1947年被选为国际奥林匹克运动委员会中国委员。中华人民共和国成立后，董守义历任中华体育总会副主席、国家体委运动技术委员会主任、运动司副司长。他先后担任第二、第四、第五届全国政协委员。1952年，他作为中国体育代表团总指导带领中国队参加了在芬兰举行的第十五届奥运会，五星红旗终于在奥运会上升起。董守义出版有《国际奥林匹克》《欧洲考察日记》《最新篮球术》等多部著作。

董守义被誉为“中国篮球运动之父”。1895年，篮球运动最先引入天津。1896年1月，中国的首场篮球比赛在天津举办，《天津公报》发表了消息。津城的篮球运动很快在学校中普及，并逐渐延伸到工矿、企业。20世纪二三十年代，天津篮球的水准在全国独占鳌头，埠际赛事，津门健儿鲜有对手，每每得胜而归。旧时代举办过七届全运会，津队前六届连连捧杯。征战十届远东运动会（一次夺冠、七次亚军）和两届奥运会，均有津籍选手或领队、教练员。董守义不仅早在20世纪20年代便引入美国先进篮球理念、创立崭新的打法，更在南开中学执教中造就了享誉中外的“南开五虎”。唐宝堃、魏蓬云、刘建常、李国琛、王锡良驰骋国内外的显赫业绩，至今仍传为美谈。1926年董守义发起组织天津体育协进会，任会长。1928年倡议创建天津第一个公共体育场。在其技术指导下，天津篮球一枝独秀，使天津以“篮球之乡”驰誉全国。1930年他离津赴北平，任北京师范大学体育教授，但一直关注天津，特别是南开的体育运动。1934年中国选拔参加第十届远东运动会的12名篮球队员中，南开的学生就有5名。1936年柏林奥运会期间，董守义成为第一次参加奥运会的中国体育代表团篮球队首任教练。赛后他和清华大学的马约翰先生自费考察了瑞典、德国、意大利等16国的体育事业。1947年国际奥委会第40次会议，董守义被选为国际奥委会委员。

中华人民共和国成立后，董守义应贺龙元帅邀请，由西北师范学院体育系到北京任职，他以满腔热情，积极开展体育涉外工作。1952年7月，经周总理批示，董守义以中华人民共和国体育代表团总指挥身份，出席芬兰赫尔辛基奥运会。为中华人民共和国奥林匹克运动的发展和在董守义中恢复我国在国际奥委会的合法席位，作出积极贡献。1956年11月，董守义在墨尔本举行的国际奥委会会议上阐述了中国奥委会的原则立场，介绍了中华人民共和国体育事业蓬勃发展的大好形势，与企图制造“两个中国”的阴谋进行了针锋相对的斗争。1958年8月，董守义郑重宣布辞去国际奥委会委员的职务，表明了一个亲历中国今昔剧变的老体育工作者的严正立场，受到爱国人士的崇敬。董守义从1947年6月到1958年6月，整九年的国际奥委会委员的生涯结束了，为了国家利益，他无怨无悔。

董守义作为中华体育总会副主席、国家体委运动司司长、副主任，几十年如一日，为我国培养了大批体育工作者和优秀运动员。董守义亲自参与与筹备了第一、第二届全国运动会和13个大型运动会的工作。董守义出版有《国际奥林匹克》《欧洲考察日记》《篮球术》《最新篮球术》《篮球训练法》等七部体育著作，发表了150篇体育文化方面的文章。这些著作和文章，成为中国近代篮球运动的奠基之作，对中国篮球理论与实践的发展起到重要作用。

# 第六节 “南开五虎”之唐宝堃

唐宝堃（1910—1988）广东中山人，著名运动员、教练员。唐宝堃在天津南开学校读书时便成为当时全国篮坛“南开五虎将”之一，1930年曾代表南开学校获得华北大学组冠军；1934年代表河北队获得全国冠军。唐宝堃个子并不高，只有1.72米左右，但他技术娴熟，充分利用自己身体灵活的优势，穿梭于高大对手中间，动作细腻、有智有勇，运球、传球颇见功力，被誉为“最佳前锋”，还被冠以“篮球王”“国手”等美誉。20世纪30年代初期，天津报馆举办了一次“评选中国篮球108将”活动，唐宝堃名列榜首。唐宝堃在当运动员时就十分引人注目，名扬四方。他技术娴熟、动作细腻、智勇双全，运球传球能力强、投篮准确，当时曾被誉为中国篮坛的“最佳前锋”。“南开五虎”是在20世纪20年代为南开学校争得很大光荣的南开篮球队中五位主力队员，包括唐宝堃、王锡良、魏蓬云、刘建常、李国琛五名队员。现在南开大学的校园中，有一条以他们命名的“五虎路”，目前天津市南开中学

南开五虎

每年会举办“五虎杯”男女篮比赛。

南开运动队

以五虎为主力的南开中学学生篮球队于1925年组建。1929年的华北运动会在山西太原举行，参加篮球比赛的不下二三十队，南开队荣获冠军。此后，应上海校友会邀请，在校长张伯苓、教练董守义率领下，远征沪上。当时上海有三支篮球队最强，即青年会西侨队、沪江大学队、美国海军队。南开中学学生篮球队初战即对阵上海冠军队沪江大学队。沪江大学队名将如云，有梁国权、温鼎新、陆钟恩、何通等。上海报纸用大篇幅刊登两队主力阵容的照片，南开篮球队在场地环境、裁判水平、观众倾向都不熟悉的情况下，开始第一场比赛，结果一路领先，直到终场。第二场对阵西侨青年会组成的一个外国商人队“西青队”。队员都是上海的外国篮球宿将，他们看不起来自中国北方的土里土气的队员，但最后南开篮球队以36比24大胜，溃不成军的外国人不得不对南开球队刮目相看。第三场是对战当时上海的一个美国海军球队——“匹兹堡”队。这时南开球队已在上海名声大振。上海观众争相购票，球票一个小时即被抢购一空。南开球队又一次以35比20大胜，为中国的观众争了一口气。当时，正巧菲律宾圣提托马斯大学冠军队在日本全胜而归，在上海稍事停留。菲律宾队是历届远东运动会的篮球冠军队，气势甚盛。而南开队不甘示弱，遂订期比赛。当时观众人山人海，大家都为南开队捏一把汗。而南开健儿攻守咸宜，合作尤强，经过数回合激战，菲队实力虽强，终以37比33败于南开队之手，南开球队遂威震远东，“南开五虎”之名，传遍神州大地！后南开队回津路过青岛，又大胜青岛的日本中学队。1930年南开中学篮球队在天津的万国篮球赛中获冠军，在第四届全国运动会中获冠军。“五虎”已经不仅是为南开争光，亦成为为中国人争光的代表。

唐宝堃在参加篮球运动的同时并没有荒废文化课的学习。他在南开中学毕业后，考入了南开大学社会学系学习。1933年大学毕业后，唐宝堃来到南京体育专科学校工作，专门教授篮球课程。抗日战争爆发后他随学校一起南迁，辗转来到昆明。尽管条件艰苦，但他和学生从未间断篮球训练。1945年，唐宝堃为了发挥自己大学里学到的专业特长，来到重庆一家银行工作，并先后被银行派往上海、青岛等地，一直工作到1949年。唐宝堃早在体专工作时，就曾带领学生队击败了当时的国民党中央军官学校代表队，事后国民党方面表示愿意出高薪聘请他到该校执教，并许诺给予少校军衔，但被唐断然拒绝。此后，又有云南省一个富家子弟，表示愿意用唐宝堃的名字生产篮球，利润双方五五分成，但唐坚持认为篮球是高尚纯洁的体育运动，不能沾染铜臭味儿，所以又一次婉言谢绝。

中华人民共和国成立后，唐宝堃的篮球才华再一次得以施展。1950年贺龙元帅让他组建八一男篮，这一次唐宝堃欣然应允，他说愿意将自己的所有都贡献给中国篮球事业。就在这一年，唐宝堃穿上了军装，从1951年开始在八一男篮做主教练；1957年又担任中国篮协副主席；1962年被授予少校军衔；1980年被授予国家级篮球教练。在担任八一男篮教练期间，他提倡快速进攻、严密防守，编制了篮球快速技术配合十大动作要领，为国家和军队培养了大批优秀的篮球运动员。他大胆创新，多次获得全国冠军，为提高我国篮球技术水平作出了突出贡献，并培养出了钱澄海等一大批中国篮球界栋梁之材。1953年中国男子篮球队教练员唐宝堃，运动员余邦基、蓝文治、庞锡和、王光钰、唐民生、王焕新、陈仁康、李汉亭、程世春、张光烈、刘二柱、陈文彬、张长禄、白金申。唐宝堃的好友、中国篮协副主席张长禄这样说："唐宝堃为人忠厚，平易近人，喜欢说笑话，深得篮球界同行们的尊重和爱戴，他为推动中国篮球事业的发展作出了贡献。"1999年唐宝堃被选为新中国篮球运动员50杰之一，曾任中华全国体育总会委员、中国篮球协会主席。1986年，唐宝堃不幸患上尿毒症，但他在重病期间依旧撰写出了《24届奥运会男篮八强之特点初探》，对我国篮球技术水平提高寄予厚望。1988年11月18日唐宝堃在北京去世，享年78岁。

# 第七节　实业家资助秋运会

1946年8月底，天津举办“筹备9月9日秋运会”（体育节）会议，全国体育协进会总干事董守义由平到津列席会议。决定特聘沙子伯、刘静远、罗宗强、孙冰如、宋棐卿以及理事严仁颖、李清安、齐守愚为委员，主会场设在民园体育场。实业家资助体育事业，一直是天津的一个传统。办体育节是要花钱的，作为秋运会委员的实业家宋棐卿、孙冰如给予了资助。

宋棐卿

对于天津人来说，最熟悉的东亚毛织厂和“抵羊”毛线，创始人就是宋棐卿。宋棐卿（1898—1956），从小就读于教会学校，中学毕业后，先后有齐鲁大学、燕京大学读书，后赴美攻读商学，1921年，从美国留学回国。在天津创办大型的现代化毛纺厂，起名“东亚”，立志为中国实业赢得在全球应有的位置。东亚在企业内部开展了丰富多彩的体育活动，他还把全厂职工分成了36个运动队，包括篮球、足球、网球、田径、游泳等，并规定每天必须定时训练45分钟。

东亚抵羊毛线商标

孙冰如（1896—1966）是天津人，出生于天津河东贾家沽道村的面粉

孙冰如

行业世家。他于1919年考入北京大学经济系，毕业后到上海交通银行当练习生；1926年应倪幼丹之聘，任大丰面粉公司总稽核；1929年任三津永年面粉公司襄理；1933年任寿丰面粉公司襄理、1939年任副理、1946年后任经理，直到该公司于1952年结束经营。孙在天津工商界较有声望，曾任天津三津磨坊业公会会长，天津市商会常务理事等职务。中华人民共和国成立后，曾任粮谷工业公司副理兼寿丰面粉公司的经理、天津市人大代表、天津市工商联副主委。

该次秋运会比赛用的足球、篮球、排球都是由天津利生体育用品厂提供的，该厂的创始人是孙润生。孙润生（1885—1977），河北献县人，幼年随父来津。1912年，孙润生毕业于通州协和书院，后在天津南开中学任教。他业余钻研缝制篮球技术，成品较进口货便宜两三倍。孙润生遂于1921年辞去教员职务，在西沽街自己家办起手工作坊——利生工厂，此为天津第一家、也是全国最早的体育用品厂。初期，工厂专制篮球，并在厂内办起制革部，自制球革。1928年，利生工厂自行设计制造和购进了轧皮、拉皮、大转鼓等机器，取代手工操作。随后，工厂产品种类发展到足、排、羽毛球及铁饼、双杆等体育器械，还承制运动鞋袜服装，产品畅销全国，远及南洋。厂房一再迁地扩建，在京、济、穗、渝、厦、哈、港、澳以及新加坡均设有门市部或代销店。中华人民共和国成立后，利生得到更大发展，产品远销世界50多个国家。

# 第六章　晴朗的天空

CENTURY OF MINYUAN

## 第一节　解放大军进民园

1949年1月14日上午，解放天津的战役打响。15日下午3时，正在家中准备迎接天津解放的中共地下工作者曾常宁，听到外面的枪炮声逐渐稀疏，她抑制不住兴奋之情，打开2楼的窗户向外观望，正巧看到解放军列队进入民园体育场集结，体育场中还停放着美国“道奇”军用卡车，她马上回房拿出相机抓拍了一张照片，随后又爬上三楼抢拍了第二张照片，将这历史性的一刻永远地定格下来。曾常宁的住宅在民园体育场的西侧，门牌是常德道1号，为罗马柱式的欧洲中世纪风格3层洋楼。

曾常宁是曾延毅的女儿。曾延毅（1892—1964），字仲宣，湖北黄冈人。保定军官学校第五期炮科毕业。1920年任山西督军公署少校参谋，山西陆军第四旅营长、团长、旅长。1929年阎锡山就任平津卫戍司令时，曾任天津市警察局长。后任军职。1938年离职在津寓居。中华人民共和国成立后，曾任天津市政协委员、文史馆馆员。1948年，为了配合天津解放，在常德道曾有两处地下党活动阵地，其中之一便是常德道1号。其实，早在1945年秋，天津地下学委领导就已经决定，把这里作为地下党组织开展工作的一个活动点，因为曾延毅的女儿曾常宁当时是一名进步学生，一直积

解放大军进天津

极投身在学运斗争中。此时的曾延毅早已赋闲在家，不再参与政治活动，对女儿参与民主进步活动，他采取了默许的态度。由于曾延毅与傅作义的特殊关系，因此天津解放前夕，在地下党组织的指标下，曾常宁接受了做父亲工作以争取傅作义的任务。在她的努力下，早就拥护中共统一战线政策的曾延毅不仅同意做傅作义的工作，而且还支持将公馆作为地下党的活动地点。这期间，曾常宁在父亲的帮助下，利用其社会关系，通过各种渠道，搜集天津国民党守军防御部署情况，并及时转交给党组织，为解放天津作出了重要贡献。这个第一支踏进民园体育场的解放军是东北野战军第9纵队，即中国人民解放军第46军，这是一支英雄的部队。

第46军的历史可以追溯到抗日战争初期，是以中国共产党领导的在冀东暴动中保留下来的部分战斗力量基础组建的。这支部队的重要领导人之一杨十三烈士曾居住在成都道鹏程里。1938年7月，中国共产党冀热边特委在八路军第四纵队配合下，发动和领导了冀东20万工农抗日暴动，建立了抗日武装。之后，中国共产党又陆续派遣许多红军干部到这支抗日武装力量中担任各级领导。10月，其主力撤到平西抗日根据地整训，留在冀东的三支游击支队便成了冀东抗日游击战争的主要武装力量。1940年7月，这支武装力量编为晋察冀军区第13军分区，李运昌任司令员，李楚离任政治委员，辖第12、第13团，曾配合主力部队参加著名的百团大战。1942年，这支部队在长城内外日军制造的“无人区”，坚持艰苦的抗日游击战争，并在斗争中逐步发展壮大。1945年1月，奉晋察冀军区的命令，第13军分区改为冀热辽军区，辖第14至第18军分区，隶属晋察冀军区。冀热辽军区组成后，投入抗日战争的攻势作战和战略反攻，北出长城，进军热（河）南、辽（宁）西。1945年战略反攻后，冀热辽军区主力部队编为詹才芳、黄永胜两个纵队。同年10月，冀热辽军区划归东北，11月又调回晋察冀军区。同时根据晋察冀军区统一整编部队的命令，冀热辽军区改编为冀东军区，所属部队编成冀东军区第11至第14旅。

抗日战争胜利后，这支部队立即奔赴同美帝国主义支持的国民党军队进行斗争的前线，接连进行了承德保卫战、香河保卫战以及打退美军直接进犯的安平作战等，保卫了冀东解放区。1946年6月至8月，冀东军区野战部队进行了整编，先编为第11军区改归东北民主联军建制。8月，该部队第10、第11、第9旅，在河北遵化地区编成东北民主联军第9纵队，司令员詹才芳，政治委员兼政治部主任李中权，参谋长彭寿生。各旅依次改称为第25、第26、第27师。全纵队2.3万余人。不久，部队先后挺进东北战场，参加了东北秋季攻势和东北冬季攻势作战。1948年1月，东北民主联军改称东北人民解放军；3月，又改称东北野战军，第9纵队番号未变。1948年9月，第9纵队在辽沈战役中，先取得锦北战斗重大胜利，后担任锦州城南突破任务，迅速打开突破口，随即向纵深发展，歼敌1.5万人，并活捉国民党军东北"剿总"上将副司令范汉杰、兵团中将司令卢浚泉。锦州解放后，该部队又参加辽西会战，从锦州直插营口，追歼逃敌，阻绝了大部敌人从海上逃跑，解放了营口。1948年11月，根据中央军委关于统一全军编制及部队番号的命令，第9纵队改编为中国人民解放军第46军，仍归东北野战军建制。詹才芳任军长，李中权任政治委员。改编后，全军共4.7万余人。

1948年12月至1949年1月，第46军参加平津战役，首先插入天津至塘沽之间，切断了敌人的海上退路，同兄弟部队一起完成对天津国民党军队的包围。在天津攻坚战中，该部队担负由南向北的突击任务，解放了现在的天津河西区和和平区五大道一带，共歼敌约1.5万人。尔后转战河北省霸县地区，奉命改编傅作义起义部队第121师和第273师，将其士兵

3600余人分别补入各部队。1949年4月初，该军编入第四野战军第12兵团建制，向华中、华南进军。7月上旬，“百万雄师过大江”，直逼长沙城下，促进了长沙的和平解放。此后，第159师调归湖南军区建制；第138师担任长沙警备任务；第136师、第137师参加衡宝战役。继之，又先后胜利完成了湘南、湘西剿匪任务。

1951年1月，该军奉命进驻粤东，执行保卫粤东海防的任务。1952年9月，第46军参加中国人民志愿军赴朝作战。此时军长萧全夫、政治委员吴保山。在此之前，第133师调入，原辖之第138师调出。在朝鲜战场，第46军先后参加三次攻打马踏里战斗，以后又担任西海岸守务任务和“三八”线临津江北岸的防御任务。1955年10月，该部队从朝鲜胜利回国。第46军在长期的革命战争中和保卫社会主义祖国的光荣岗位上，经受了各种锻炼和考验，出色地完成了各项战斗任务。该部队涌现出全国著名战斗英雄田广文、纪士信等11人；涌现出许多著名英雄连队；涌现出二级战斗英雄马玉臣、粟学福等英模人物近万人。

## 第二节　渡江战役训练场

渡江战役，是指解放战争时期，在辽沈战役、淮海战役、平津战役之后，解放军强渡长江的战役。1949年1月15日，天津解放了，解放军进驻津沽。在陈毅率领的第三野战军部队进行渡江战役之前，由于时间紧迫，北方部队大多数人不习水性，部队中来自北方的士兵就是在民园体育场进行战前训练。

当时正值天津的早春时节，紧张的训练开始了。位于市中心的民园体育场，面积大、视野开阔，内有标准足球场、跑道和田径比赛场，还有木制看台和树木、四周被楼群包围，私密性好，不易被发现。来到天津的解放军，就用这里作为渡江战役的北方训练场。他们在跑道上负重赛跑、在足球场上匍匐而行、对练刺杀搏击，进行着紧张的训练。这里虽然不能进行水上训练，但为了能够掌握划桨、掌舵、挣篙、抛锚和泅水等本领，他们苦练健身、增加臂力、尽量贮备体能。场内除了作为军队日常操练之用，还安装上了秋千、活动船只等用以让北方军人熟悉渡江作战之用。这些来自北方各地的解放军，操着各种口音，从早到晚，练得非常刻苦。他们心中只有一个念头：打过长江去，解放全中国。可以说，民园体育场为中华人民共和国的成立也立下了汗马功劳。

现在坐落于常德道天津市冶金集团有限公司，是作者的旧居。天津解放后，有一幢楼住进了解放军，他们纪律严明，早出晚归进行操练。作者当时只有四五岁，并不知道他们去什么地方操练，也许是去民园吧。但每天晚饭后，他们在院子里散步、休息，操着各种口音与我说笑。此情此景，虽过去了几十年，在记忆中却还是新鲜如昨。

1949年4月20日，国民党政府最后拒绝在《国内和平协定》（最后修正案）上签字。21日，毛泽东和朱德发布了向全国进军的命令。1949年4月20日晚和21日，人民解放军第二、第三野战军遵照中央军委的命令和总前委的《京沪杭战役实施纲要》，先后发起渡江。在炮兵、工兵的支持配合下，在西起湖口、东至江阴的千里战线上强渡长江，彻底摧毁了国民党军的长江防线。1949年4月23日，第三野战军一部解放了南京。接着，各路大军向南挺进，解放了杭州、南昌等城市。5月27日，第三野战军主力攻占上海。在此期间，第四野战军于5月14日南渡长江，16日解放汉口，17日解放武昌、汉阳。1949年6月2日，第三野战军一部解放崇明岛，至此，渡江战役结束。

渡江战役的胜利，为人民解放军继续前进南进，解放南方各省创造了有利条件。天津的民园体育场，在解放战争中也作出了贡献。

## 第三节 全国足球比赛大会

为提倡足球运动、推动体育运动普及，中华全国体育总会筹委会于1951年9月29日发出通知，决定年底在天津举行“1951年全国足球比赛大会”。规定东北、华北、西北、华东、中南、西南、解放军、铁路八个单位参加比赛。

鉴于这是中华人民共和国成立后首次全国性足球比赛，接通知后，各单位立即开始了准备工作，并分别举行了选拔赛。华北区五省二市均派队参加选拔，北京队获华北区第一名。铁路系统有六支代表队参加了选拔，关内队获全国冠军。解放军队是来自大连的警察部队，成立较早、训练有素、作风顽强、实力不俗。该队原名为“铁流”足球队，大连许多足球名宿都在队中。东北区队是经过选拔赛，由大连、沈阳、延边的优秀运动员组成。上海队获华东区冠军、广州队获中南区冠军、重庆队夺西南区冠军、新疆队获西北区冠军，上述八个单位的选拔比赛均于1951年11月结束。参加选拔的运动员达1060人，运动员成分包括工人、学生、军人、干部、农民、市民、商人等。运动员的民族有汉族、朝鲜族、维吾尔族、塔塔尔族、哈萨克族、乌斯别克、回族、满族、蒙古族等。观众达80余万人次。

1951年12月1日下午二时，全国足球比赛大会在天津市民园体育场揭开战幕。这是中华人民共和国成立以来第一次全国性的足球比赛大会。为此，《新体育》专门撰文表示祝贺。这次大会的目的还在于提倡号召开展足球运动，选拔出1951年度国家足球代表队的选手。出席开幕式的有时任教育部副部长、中华全国青联主席廖承志，时任全国体育总会副主席、团中央秘书长荣高棠，本次比赛大会委员会主任、时任天津市市长黄敬致开幕词。全国九个体育参观团的164名代表和12000多名观众，一起观看了首场比赛。参加首次全国足球比赛大会的八支球队，共有运动员142人，其中有工人、军人、学生、干部、医务工作者、教育工作者和商人。民族包括了汉族、满族、回族、朝鲜族、塔塔尔族、维吾尔族、乌兹别克族等。其中有19位劳动模范、红旗手、工作模范等立过功、受过奖的运动员。大会充分发挥了足球运动战斗性，运动员在比赛中斗志极为饱满，并表现了团结友爱、虚心学习、胜不骄、败不馁精神和服从组织、守纪律的集体主义的体育道德作风。在紧张的比赛中，宁失一球，不伤一人，绝对服从裁判，没发生一起埋怨和纠纷。每场赛后，队与队之间都举行座谈会，交流经验，互相学习，互帮互助。比赛场场爆满，七天共有10.8万观众看了比赛，由此可以看出足球的魅力。

东北队在7场比赛中，取得六胜一平佳绩，攻入30球，不失一球夺得了冠军。亚军为华东队，第三名为解放军队。看似东北队优势较大，但是在比赛进行到第二轮时，东北队曾被作风顽强的铁路队以稳守反击的战术0∶0逼和。当时下半场东北队曾获一点球机会，但中锋郭洪滨却没有罚中，全队面临着的局势并不妙。当时夺标呼声最高的是以陈成达、方纫秋、张邦伦、张杰、郑德耀、何家统、钱允庆等为主力的华东队，他们不但前三轮保持了全胜势头，而且击败的都是解放军、华北、中南这样的强队。东北队在第三轮中以7∶0大胜了身体彪悍的西北队，但主力中卫王寿先被撞伤抬出场外。在第四轮战华东队前时，全队情绪受到一定影响。领队张泽芳发现这一情况后，立即向东北区参观团领导进行了汇报。参观团领导立即深入队中进行慰问，做好思想鼓动工作。结果，转机就出现在第四轮，东北队以2比0战胜了劲旅华东队，为夺取冠军扫除了一大障碍。接着，东北又连胜中南队、解放军队，而华东队也保持了第五、第六轮的胜利。12月9日，最后一战，东北对华北，这是谁都输不起的一场比赛，东北队获胜就笃定夺冠，而华北队只有胜、平才有希望跻身前三强之列。结果，东北队不负众望，以2比0击败了最后一个对手，勇夺桂冠。比赛结束后，举行了闭幕式。时任中华全国体育总会副主席荣高棠致了闭幕词。本次比赛大会委员会主任黄敬、时任天津市副市长周叔弢等同1.8万名观众一起观看了东北队对华北队的压轴戏。时任中华体育总会筹委会副秘书长黄中，宣布了入选1951年度国家队名单的30人，他们是东北队的马韶华、王礼宾、郭鸿滨、王政文、金秉奎、王寿先、丛安庆、李逢春、崔曾石、金龙湖、孙福成；华东队的张邦伦、张杰、郑德耀、何家绕、方韧秋、陈成达和钱允庆；解放军队的徐福生、高秀清、邢桂福、庄文权和姜杰祥；华北队的曹桂明、李朝贵、邵先凯、史万春和年维泗；以及铁路队的萧子文、高保正。

全国足球比赛大会闭幕后，大会决定前三名的球队进京为中央首长和北京市民表演两场，地点均在先农坛体育场。票价每张2000元（大约相当于后来两角钱）。比赛异常激烈和精彩，观众爆满，因观众两次挤入场内而不得不两次中断。党和国家领导人周恩来、朱德、贺龙等莅临现场观看。结果，东北队又分别以4比0和3比0再次击败两个对手，其中门将马韶华还扑出了一个点球。事后，黄中同志评价说："作为全国性的比赛，东北队能够取得六胜一平，特别是进30球不失一球的成绩是空前的。虽不能称绝后，但也不是轻易达到的。"正是在这一次全国足球比赛大会之后，确定了国家队班底。1952年7月，中国足球队随中国体育代表团参加了在芬兰赫尔辛基举行的第十五届奥运会，虽因到达过迟而未能参加比赛，但将五星红旗高高地升在奥林匹克赛场的上空也是一种胜利。

# 第四节　首届全国民族体育运动会

全国少数民族传统体育运动会表演

中华人民共和国成立后，党和政府对各民族传统体育活动十分重视。1953年11月，在天津民园体育场举行了全国民族形式体育表演及竞赛大会。1984年，国家体委、国家民委将这次体育运动会定为第一届全国少数民族传统体育运动会。从此，这项赛事活动便每4年一次地开展起来。

参加民族形式体育表演及竞赛大会的有满族、蒙古族、回族、藏族、苗族、朝鲜族、纳西族、汉族等13个民族的395名运动员。他们分别来自华北区、东北区、西北区、中南区、西南区（包括西藏）和内蒙古自治区、解放军及铁路系统等。大会开幕式在天津民园体育场隆重举行，时任中央人民政府政务院副总理兼文化教育委员会主任郭沫若、时任卫生部部长李德全等出席了开幕式并讲话。

体育项目分竞赛、表演和特邀表演三部分。竞赛项目有举重、拳击、摔跤、步射。表演项目有武术（分石担、石锁、弓箭术、弹丸、爬杆、跳板、木杠、皮条、沙袋、地围、跳桌、筋斗、叠罗汉、大武术、五虎棍、打术、跳术、跳绳、飞叉、中幡）、骑术（马上技巧表演）。特邀表演有马球、蒙古式摔跤、狮

全国少数民族传统体育运动会开幕式

舞、杂技等。其中，维吾尔族的踩绳（达瓦孜）、蒙古族的摔跤、朝鲜族的跳板、回族的武术以及内蒙古自治区的马术，给人留下了深刻的印象。那时作者上小学二年级，下午没课，就和小伙伴们在民园门口等机会进去看，直到快结束时才进场。看到穿着各种鲜艳服装的少数民族运动的比赛、表演，还看到了精彩的马术，兴奋异常。

这次运动会中，有10名举重运动员创造了新的国家纪录。来自全国各地及天津市的观众有12万人次。闭幕后挑选的90名优秀运动员，进京连续表演了31场，受到首都观众的热烈欢迎。这届运动会是在中国共产党和人民政府的关怀重视下举办的，它不仅是中华人民共和国成立以来的第一次民族形式的体育盛会，更是一次体现民族平等团结的体育盛会。历史上备受压迫和歧视的少数民族，首次将自己的民间传统体育项目拿到全国体育运动会上展示，在中国体育史上具有划时代的意义，对贯彻党的民族政策，推动民族体育事业的发展，增强民族团结产生了重要影响。从此，少数民族传统体育进入了一个繁荣发展的新时期。截至2023年，全国少数民族运动会已举办了十一届，举办地分别是：天津、呼和浩特、乌鲁木齐、南宁、昆明、北京与拉萨、银川、广州、贵阳、鄂尔多斯和郑州。

## 第五节　元帅民园看球赛

1953年，全国四项球类运动大会在民园体育场举行，时任国家体委主任的贺龙元帅亲临赛场。此后，民园成为国家足球队的训练基地。20世纪50年代末，民园体育场已经作为天津队足球队的主场使用。20世纪50年代天津的球市绝对可以用火爆二字来形容。当时民园体育场还有部分木板看台，在一场天津队对阵八一队的争冠赛上，由于观众众多，只听见“咔、咔”的几声，看台被球迷挤踏冒起了一阵白烟。而当时陈毅、贺龙正在现场观战，在有序的组织下，伤者立刻被军人抬走进行救治。之后的比赛，贺龙下令所有的观众下到看台下，改在场地旁的跑道上观看比赛，这也就形成了一个有趣的现象，观众们总是随着球的运行移动位置，每当队员需要开角球的时候总要先和旁边的观众说一句：“请让一让。”

国家白队落户天津仅半年，很快赢得了观众的信赖。1957年夏天，匈牙利国家二队访华，天津队迎战客队的情景令人难忘。20世纪50年代的匈牙利是足球强国，来访的国家二队实力很强。天津队的这批队员曾受过匈牙利专家的训练，踢法上与之有相同之处。尽管水平逊于对手，可也占有天时、地利之便，在万名观众呐喊助威下，表现出很高的水平。90分钟的角逐，双方踢得都有章有法，精彩镜头一演再演，真像是两支兄弟球队为观众作战术表演。这场比赛，天津队虽以0比1失利，而从临场来看，互有攻防。天津队失去好几次得分良机，其中孙元云一次射空门，由

1953 年陈毅市长为足球赛开球

于匆忙而射偏。更令人激动的是，时任国务院副总理贺龙、陈毅二位老帅专程来天津观看，给队员们很大鼓舞，更为体育场增添了热烈气氛。比赛一结束，两位老帅由时任市长李耕涛陪同，兴致勃勃步入球场，同双方运动员一一握手。这时，许多观众都想靠近一点目睹老帅们的风采，争相涌入球场，一时秩序不好维持，全体队员立即组成了人墙，将二位老帅请到运动员休息室。那天气温很高，屋子很小，袁道伦找来两把扇子给老帅驱暑。陈毅元帅却说："你们比赛辛苦了，你们热，扇子你们用吧！"几句话感人肺腑，多年一直在队员们的脑海里。

# 第六节 民园——中国体育的摇篮

民园体育场至今已有百余年的历史，是中国北方最具“国际范”的体育场之一。由于坐落在作为京畿门户的天津，民园体育场曾举办过很多各种类型的国内的、国际的大型运动会和球类比赛。中华人民共和国成立后，很多重要的全国性运动会和球类比赛也被安排在天津举行。因此可以说，民园体育场在中国体育事业进入蓬勃发展的繁荣时期扮演着重要的角色。民园体育场在历史上，特别是中华人民共和国成立后曾历经辉煌。1951年，中华人民共和国第一次全国足球比赛大会在民园体育场举行，盛况空前，经过多场激烈比赛，最后选拔出首批国脚。1953年，全国四项球类运动大会在民园体育场举行，时任国家体委主任的贺龙元帅亲临赛场。此后，民园成为国家足球队的训练基地，可称得上是中国体育的摇篮。

中华人民共和国早期的国家足球队

这还得先从北京说起。20世纪初，现代体育传入北平。1914年，北京基督教青年会体育馆在东单北大街建成。1916年至1919年，清华大学体育馆前馆建成，后馆于1932年建成（建筑风格与前馆浑然一体）。先农坛是皇帝每年二月祭祀神农并进行象征性耕耘的地方，民国初年这里被辟为公园。1936年春开工，始建“北平市公共体育场”，一年多时间即告完工。体育场的规模不算小，周边有十多层台阶的看台，下边有工作室、休息室、更衣室等，可容观众15000余人。这也成为北京市历史上第一座大型体育场。

先农坛体育场建成后，直到北平解放，除办过几次中、小学生运动会外，但真正意义上的大型全国赛事和国际赛事都没有举办过。中华人民共和国成立后，党和政府高度重视体育工作，1949年10月22日中华人民共和国第一个大型运动会——北京市人民体育大会就在先农坛体育场召开，党和国家领导人周恩来、彭真、郭沫若等出席大会。

到1949年中华人民共和国成立前夕，北平有各类体育设施180余个，其中三分之二以上都是学校的篮球场和田径场。但规模较大的，只有两座体育馆和一座体育场。中华人民共和国成立后，党和政府非常重视开展群众体育活动，但大型体育场不多。天津的民园体场当时是最具“国际范”的体育场，北京与天津又近在咫尺，所以在中华人民共和国成立初期，把一些重要的全国性赛事安排在天津举行，就不足为奇了。

# 第七节　津门武术之花

明代永乐二年(1404),天津设卫筑城。从此,这个典型的移民城市便活跃在了历史的大舞台上。依河傍海的天津,自诞生之日起,就注定要成为一座军事要塞。隋朝通运河,唐朝驻重兵,宋辽对峙的塘泊防线,金代设立的直沽寨,元代的海津镇,莫不如此。明代天津称为“京畿门户”的天津,到清雍正三年(1725)改为天津洲。清中叶开始,依仗“地当九河津要,路通七省舟车”的地缘优势,设立天津府,城市为之定型。燕赵遗风,军旅传统,是天津的城市特点。第二次鸦片战争之后,天津开埠,其城市地位骤然上升。1900年,八国联军侵华,设天津市临时市政府。1928年,国民政府在天津设立特别市,在经历了抗日战争、解放战争、中华人民共和国成立、改革开放等重大事件后,发展至今已经从军事要塞、水旱码头,迅速演变为一个人口超千万的综合性大都市和北方的经济商贸中心。

传统武术在天津得到了快速发展。各路门派的高手、江湖绿林和镖师们齐聚此地,使得不同风格的拳种、套路传入津门,并得以发展、成熟和完善,逐渐形成体系。百年以来,天津武术也走向了曲折化和近代化的发展之路。“人不可以无学,学又不可以无会,不学则孤陋寡闻,无会则团体涣散。”伴随着西方体育活动的开展,1895年中国第一个城市青年会——天津青年会成立。此后在体育救国思潮的影响下,一些武术的“社”“馆”“会”也开始大量涌现,如百年中华武士会、蜚声内外的精武体育会、国立体专、天津武术馆、天津武术学会等。据不完全统计，不同规模的武术馆、武术社128个。这些民众根据自发的意愿集结而成的社会团体，在为“强国强种”服务的同时，也有力地推动了天津武术的普及。

回族重刀武术就是天津回族传统体育的典型代表。渔阳豪侠好勇尚武，仅清朝就出现了六位武进士，受嵩山少林寺武学影响，从元代开始北少林武术便开始兴盛起来。“先天掌为后天掌之本，后天掌为先天掌之用”的程派高氏八卦掌结合中国哲学的八卦理论来解释拳理。“太极者，无极而生，阴阳之母也”，讲究生克制化、先发制人的无极现出富含哲理的东方人体文化；“刚柔并济、动静结合”的太极拳处处体现着对立统一、对称和谐的中国传统文化内涵，是最能代表中国和谐文化的拳种，其中比较有天津特色的是李氏太极拳、龙行太极拳与青龙太乙十三式、八卦太极拳与开拳在天津已成为一个“风格独特”“自成体系”“拳理明晰”“源流有序”的拳种，值得引起我们的高度重视。双手刀剑法是中国武术的瑰宝，任向荣、刘玉春桑园换艺，苗刀便在天津静海独流通背拳中得以传承至今……除上述介绍的几个重要拳种之外，还有拦手门武术、迷踪拳、八极拳、形意拳等拳种在天津传承和影响巨大。

津门自古以来就是一个游侠集聚、群英荟萃的武林宝地，如“精武元祖”霍元甲，周恩来的老师韩慕侠，1936年柏林奥运会中国武术队教练兼队长郝铭，蓟县（今蓟州区）的曹联弟、武万良以及“霸州李”的女儿李文贞，东岳太极拳创编者门惠丰，“武林活字典”“金刚人”张群炎，“津门武术二张”，大成拳创始人王芗斋，书剑起飞的国学家阎道生等均为天津武术文化的形成与发展作出了突出贡献、发挥了重要作用。天津的众多民间武术轶事就是在这种尚武风气的影响下而大放异彩，如书中记述了拥有高超武艺的“神杆”许靖、“杆子王”王玉珍、“神腿”傻爷、“京南大侠”

李瑞东以及“霸州李”的传说，还有“神仙大爷”力胜花和尚、韩白袍为民除害、黑姐镖打老毛子、田大甲力胜英国兵、“泥球张”痛打戈登等诸多鲜为人知的小故事。从1945年抗战胜利后，天津民园年年举办“秋运会”，武术是重要内容，以表演为主。

中华人民共和国成立后，作为民族传统体育项目的武术首先得到政府的大力提倡，天津得天独厚的地理优势使得近代体育在这里率先发展。“近代中国看天津”“百年中国看天津”，第一个赛马场、第一支篮球队、第一个体育用品制造厂都在这里诞生。

1978年改革开放以后，天津武术终于又迎来了新的发展机遇，如天津市武术运动协会的成立、全国武术观摩交流大会在津举行、第二届国际武术邀请赛在天津的成功举办、加入第一批全国武术之乡的行列等。在这样的社会氛围里，天津的武术，尤其是竞技武术套路中的对练在全国一直处于领先地位，涌现出了一大批优秀的国家队队员。

# 第七章　中央体训班在天津

CENTURY OF MINYUAN

## 第一节　落户五大道

20世纪50年代初，我国第一批重点运动项目国家优秀选手、体坛功勋元老，都曾在天津民园体育场和重庆道100号度过青少年时期的宝贵时光，他们日后大多成为中国体育各个项目的奠基人。新中国成立后，体育事业在百废待兴之中孕育成长，当时体育运动场所和硬件设施严重滞后，全国没有一个能够供运动员训练使用的完整场馆，尤其缺乏专业教练和优秀运动员，这成了中华人民共和国发展竞技体育的瓶颈。

中华全国体育总会为推动中华人民共和国体育运动的发展、迅速改变我国体育运动的落后面貌，于1951年通过创办全国一些重大赛事，选拔第一批国家队选手，进行集中管理与训练，为国家培养优秀体育人才。当时决定成立一个"中央体训班"（国家队前身），荣高棠同志让黄中和牟作云分别担任正副主任，负责具体筹办事宜。但体训班在成立之初困难重重，无论生活还是训练条件都十分简陋。体训班成员先是借住在燕京大学学生宿舍的阁楼上，十几平方米的面积摆放四张单人床。首批58名国家篮球、排球队员，住在倾斜的屋顶内，进门都要哈着腰；训练在室外土场地，尘土飞扬，没有任何挡风避雨和取暖洗浴设备。后来，他们又搬到北京先农坛体育场简陋的看台下集训。此时，任文委主任的习仲勋在中央体委成立当天，遵照邓小平副总理的指示，召集荣高棠、黄中同志座谈。随后，他就当时需要解决的问题给周恩来总理写了报告。报告第二条就提到“原来体育总会办的训练班，现无住处，拟请批准在天津市买两所房子”。总理对此批复“原则同意，请邓副总理办理”。对第二条又加批“此事需与市政府商办”。

1953年11月，国家体委特意买下天津市和平区民园体育场周边的重庆道100号（现64号）、桂林路26号（现24号）及重庆道幸福里17号（现兴富里17号）作为中华全国体育总会中央体训班（后改名为竞技体育指导科）的集训基地和办公用场所，柏平任班主任。当时第一批足球、篮球、排球、体操、游泳、田径、乒乓球、羽毛球等运动项目的国家选手落户天津，他们在艰难中起步，逐步走向正规，为我国体育事业迅猛发展奠定了基础。而中央体训班也成了培育世界冠军的摇篮。在首次举办的全国大赛中选拔出的国家选手，都在这里集中训练。但因气候环境、训练条件限制，各队仍处于游击式的流动状态。有些队很快到南方训练，也有的队直接派到苏联、匈牙利留学深造。即便如此，这里还是国家运动队集训的大本营。

与此同时，分布在港澳和东南亚地区的海外华侨运动员，受到祖国新气象的感染和爱国热情的驱使，纷纷回国。他们带来了新的技术和方法，帮助中华人民共和国搭建起竞技体育的基本框架。其中较为著名的有印尼华侨吴传玉、王文教和陈福寿，还有香港蛙王戚烈云以及香港乒坛三英（傅其芳、姜永宁、容国团），他们为回国付出了各种代价，日后大多都成为中国体育各个项目的奠基人和元老。如黄健，培养出了郑凤荣和倪志钦等优秀运动员，成为一代名教；王文教和陈福寿成了中国羽毛球队的奠基者；傅其芳和姜永宁都执教于中国乒乓球队，前者更培养出中国第一个世界冠军容国团。这些体育界的前辈都曾在天津度过宝贵的青春年华。

位于重庆道64（原100）号的龚心湛故居，曾是全国体训班的办公楼

作者生在五大道、长在五大道，上学、上班都在五大道，可以说一辈子与五大道结缘。小时候家住在民园附近，早上便到民园去玩，跑步、踢球，虽然跑得满头大汗，却欢乐无比。在作者的记忆里，经常看到的是一队队穿着运动服的体育健儿，排着队，提着装满足球、足球鞋的大网兜，走在去体育场的路上。此情此景，新鲜如昨。民园体育场周边的三处房屋，都是欧式小洋楼：一是重庆道100号（现64号），这是1919年任代国务总理兼财务总长龚心湛的故居。该建筑建于1926年，为西洋古典建筑风格，砖木结构，3层。

位于西康路33号的天津市人民体育馆建于1956年，曾是全国体训班的训练场

该建筑的墙面为混水抹灰、大屋顶，占地面积1467平方米、建筑面积1145平方米，房屋53间。龚心湛后人龚安惠于1953年将该房售与中华全国体育协会。二是桂林路26号（现24号）及重庆道幸福里17号（现兴富里17号）。除此之外，还有训练场地，一块是成都道118号，现天津市体育运动委员会的院落。1955年之前，天津市人民体育馆还没有动工，此地原是东亚毛纺织厂“抵羊牌”毛线库房，后成为空地，遂成训练场地。另一块场地在贵州路与昆明路交口处，现为奥林匹克大厦。可以说，民园体育场和这三处大宅院，还有这些训练场地，是中华人民共和国体育运动发展的摇篮。

# 第二节　首批国脚风采

足球运动是当今世界开展最广、影响最大的体育项目之一，被认为是“世界第一运动”。在和平年代，足球也被称为“国与国之间没有硝烟的战争”，甚至因丰富的内涵和感染力被视为一种艺术，是年轻人最喜爱的球类运动之一。体育训练班，把足球运动列为第一项。下面详列教练员1人和运动员31人并加以介绍。

教练：李凤楼。队员：徐福生、高秀清、邢桂福、陈复赉、庄文权、姜杰祥、陈成达、钱允庆、方纫秋、何家统、郑德耀、张杰、张邦伦、曹桂明、邵先凯、李朝贵、史万春、年维泗、王礼宾、郭鸿宾、王政文、王寿先、金秉奎、丛安庆、李逢春、崔曾石、金龙湖、孙福成、肖子文、高保正、马绍华。

1957年《北京日报》和北京人民广播电台联合举办了评选《北京日报》读者和北京人民广播电台听众“最喜爱的十名足球运动员”活动，从11月2日到12月25日总共收到1447张选票，获选队员是：张宏根（1415票）、陈复赉（1147票）、年维泗（1143票）、张俊秀（997票）、史万春（957票）、高筠时（898票）、孙福成（818票）、方纫秋（743票）、姜杰祥（719票）、张京天（628票）。这十人中除受伤休养已一年的史万春外，其余九人全部是代表中国参加世界杯预赛的国家队主力选手，其中已落户北京的原中央体院系统的球

张宏根

员七人，八一队则有陈复赉、高筠时和姜杰祥三位后防主力队员当选。

足球队教练：李凤楼（1912—1988），北京人，中国体育活动家、足球界元勋。原中国足球运动员和教练，国家队第一任主教练。16岁开始踢球，1934年毕业于辅仁大学教育系，后任辅大附中体育教员。1941年起任辅仁大学体育教师，讲师，副教授，体育部主任。1933年曾参加始创于清末第五届全国运动会足球赛。1936年联络京津地区华北队和振环队好手组队，赴日本访问比赛并任队长。1941年在北京组建紫星足球队并任队长兼教练，出任中锋。1956—1985年任国家体委球类司副司长，兼任中国足协副主席，中华全国体育总会委员。1979—1985年任中国足协主席。中华全国体育总会常委，1983年当选为第3、6届全国政协委员，后退居二线任国家体委顾问。

足球队队员：徐福生（1928—2003），上海人，足球运动员兼教练员。11岁开始踢球，16岁入上海中航队任守门员。1948年代表上海参加始创于清末第七届全国运动会。1950年代表解放军队参加捷克建军节国际赛，1951年入选国家队，1956年成为首批足球运动健将。1960年对苏联斯巴达克队比赛时，曾扑出一个点球，为取胜立下战功。1960年至1966年任北京青年队教练。1970年后主要从事体育行政工作，1980年到北京体育科研所从事足球科研工作。从1983年起，致力于儿童足球训练方法的研究，著有《少年儿童足球技术训练法》。

足球队队员：邢桂福（1931—2022），1951年全国首届足球赛获“国手”称号。1951年进八一队，并任队长。1957年入选国家队。1959年再披国字号战袍。1963年执教越南人民军足球队。1962年被选为全国优秀足球运动员。1969年出任国家队领队。20世纪60年代末至20世纪70年代初，河南队聘请原八一队老将邢桂福担任主教练，使全队的战术素养和技术水平有了长足进步，为河南足球的进步打下了良好的基础。1983年邢桂福执教河南队，并带队冲上甲级队。

足球队队员：陈复赉，广东湛江人，生于1929年。他中学时代便开始热爱足球、游泳，田径等运动。1949年，陈复赉报考了上海“大夏大学”（现上海师范大学），就读期间，他投笔从戎，参加了解放军。参军后，参加足球选拔赛。1951年进入八一足球队。1957年成为国脚，并到匈牙利学习。1958年，陈复赉出任中国足球队的教练兼运动员；同年，他以得票第三名的成绩被评选为全国“十大足球红星”。1963年任八一足球队总教练。1971年任广州部队足球队主教练。1980年退休后的他移居香港，由其个人出资设立“福来奖”，专门奖励国内足球教练员。

足球队队员：姜杰祥（1933—1990），大连人。他从小就迷恋足球，20世纪50年代由大连公安总队入选解放军足球队，并成为我国第一代国脚。他技术全面，是出色的左后卫。由于他能拼善战，人们称他为“拼命三郎”。1957年在足坛评选活动中，他和张俊秀、年维泗一起被评为观众最喜爱的足球运动员。1988年，供职于八一队的姜杰祥住院手术，他在预留的遗嘱中写道：“我死后，请把我的骨灰埋在我曾经为国增光的先农坛体育场或工人体育场的左后卫位置上。”1990年，姜杰祥因心脏病去世，其妻董妙音带着儿子来到先农坛和工体，分别在赛场南侧的左后卫位置上埋下了丈夫的骨灰。

足球队队员：陈成达（1929—2022），上海人。他于1951年入选中国国家足球队。1952年赴芬兰参加赫尔辛基奥运会。1954年随国家青年队赴匈牙利学习，成为中华人民共和国首批留洋国脚。1957—1963年担任国家队主教练。1982年任国际足联奥林匹克足球赛组委会成员。1983年任中国足协秘书长。1986年当选亚足联副主席、技术委员会主任。1988年任国际足联技术委员会委员。1992年获得亚足联“卓越功绩奖”。1994年获得国际足联“杰出功绩奖”,1994年被授予亚足联荣誉副主席。

足球队队员:钱允庆(1925—1998),上海人,原东华足球队员。20世纪50年代,作为华东地区足球联队的队长,参加全国足球比赛。1952年成为足球国家队选手,参加了与匈牙利队比赛,1956年随上海足球队赴柬埔寨访问。钱允庆1950年毕业于同济医科大学,他也是中国著名的血管外科专家。1956年起历任上海市第六人民医院外科副主任医师、副教授、外科主任医师、教授。他还是中国医学史上首例断肢再植创始人之一,1963年和陈中伟教授等一起进行了世界第一例断手再植手术,首创断手再植小血管吻合方法,在世界上引起极大震动。他荣获国家卫生部一等奖并记功嘉奖,受到敬爱的周恩来总理等老一辈党和国家领导的亲切关怀和接见,并与陈中伟教授一起编写了《断肢再植》一书。

足球队队员:方纫秋(1929—2019),上海人,9岁开始踢球,1951年入选国家队。1954年,方纫秋被国家队选入20人大名单,派往匈牙利训练一年。1957年,他成为国脚,并到匈牙利学习。1958年,被评选为全国“十大足球红星”。他于1959年先后担任中国青年队,中国二队教练。1961年至1963,方纫秋年被国家选派赴柬埔寨担任体育运动援助组组长,并兼任柬埔寨国家足球队主教练。1964年,任国家足球队主教练。20世纪70年代末,方纫秋再次被外派赴非洲,其足迹遍布德国、波兰、苏联近50个国家。方纫秋任教期间培养出众多上海籍国家队球员。

足球队队员:何家统(1916—2002),浙江定海人,13岁随家迁居上海开始踢球。他于1938年加盟东华队,1940年入选华人队参加与外侨比赛,1948年加入上海群力队。1951年,何家统先后入选上海工人队和上海市队,并代表华东区参加全国足球比赛,获得亚军。1952年,何家统入选国家队，赴芬兰参加第十五届奥运会。退役后任教练，“文革”期间受到迫害，复出后，为国家培养了一批优秀的运动员。1978年被评为全国优秀教练员，获国家体育运动荣誉奖章。后任中国足协教练委员会常委等职。参与编写《足球》《全国业余体校青少年足球教材》等书籍。

足球队队员：郑德耀，生于1924年，浙江慈溪人，幼居上海。10岁开始踢球，1945年入选沪江大学校队。1948年加入精武体育会足球队，任中锋兼队长。1951年入选上海市队和华东队，获第一届全国足球比赛亚军。1952年入选国家队并任队长，参加了第十五届奥运会。他主要踢右后卫，善于拼抢、判断正确、铲球果断、责任心强。郑德耀于1956年任广州市队教练；1960年率队出访越南三战皆捷；1976年任广东足球队副队长；1980年任广东青年队主教练及足球班副主任；1982年7月，调回上海任上海足球二队领队。2009年，郑德耀被评为广东足球60年终身荣誉奖。

足球队队员：张邦伦（1919—2001），上海人，上海沪江大学理学院毕业。他于1939年效力于上海东华队；1942年获得上海甲组足球联赛冠军、上海市市长杯冠军；1947年入选上海队；1948年入选国家队，参加当年举办的伦敦奥运会，为国家队主力门将。奥运会之前，他们在东南亚进行35场表演赛，筹措去伦敦的经费，取得25胜，5平，5负的成绩。奥运会热身赛，球队以3∶2击败美国。奥运会正赛首轮0∶4败给土耳其被淘汰。1951年全国足球比赛，张邦伦代表华东区参赛，获亚军，并入选优秀运动员名，成为国脚。1951年，张邦伦入选首届国家队，为主力门将。撰写《上海足球史论》《香港华人足球史论》《守门员的任务及其作用》等。

足球队队员：邵先凯（1927—2008），大连人。1945年在北京育英中学读书，并参加学校足球队，在京津足球名将孙鹏的点拨下，水平提高很快。他于1949年进入北京辅仁大学，受教于足坛名将李凤楼门下，代表辅仁大学足球队和北京足球联队参加比赛;20世纪50年代入选中国国家队。他的身体素质好,作风勇猛顽强,有“坦克”之称。邵先凯是第一代国脚, 以国家白队主教练的身份率14名队员到天津后, 开始执掌天津队帅印, 将天津队训练成一支风格南北兼容的足坛劲旅。从此他把余生奉献给了天津、河北和中国足球。1960年他出任南开学生队主教练,这些学生后来不少都成为天津队的主力。除担任教练外, 邵先凯曾任中国足协教练委员会副主任和河北省足协副主席。

足球队队员:李朝贵(1925—2020), 大连人, 辅仁大学的高材生, 是新中国第一届国家队队员, 是中国队主教练李凤楼的得意门生。1956年从国家队退役后, 国家体委选派他到天津。当年成立的天津青年队是天津市第一支正式编制的专业足球队, 李朝贵在天津队执教20多年, 业绩显赫、成果颇丰。他的学生李恒益、孙霞丰等15人先后成为国脚, 他为历届天津队培养近100名队员, 还亲自带出一批年轻的教练员。李朝贵是天津足球开始新起步时的奠基者之一, 为天津足球带出了一支优秀球队, 球队于1960年获得全国“双冠军”, 1965年夺得第二届全运会冠军。半个多世纪, 绿茵弟子满津门, 除担任教练外, 李朝贵曾任天津市足协副主席。

足球队队员:史万春(1926—2010), 北京人, 首位援外教练。少时爱好足球, 中学时成为校队主力队员。1943年入“北光”和“兄弟”足球队, 名噪京华。1951年入北京队和华北队, 参加首届全国足球比赛, 1952年选入国家队。1955年随队赴匈牙利, 任队长。1957年获运动健将称号。1958年被评为全国十名最佳足球运动员之一。1957年作为首位援外专家, 赴越南执教越南国家队。1959年起任北京队主教练。1963年和1973年率北京队两度夺得全国甲级联赛冠军, 后任北京足球队总教练。曾多次主持全国性的足球教练员学习班和考评工作，对推动足球运动训练水平的提高和足球活动的普及作出了重要贡献。

年维泗

足球队队员：年维泗，北京人，生于1933年。少年时喜爱足球运动。中华人民共和国成立后入北京队，并被选入华北队，参加首届全国足球比赛。1952年3月，年维泗被选入国家足球集训队（中央体训班），是当时最年轻的国家足球选手，控球技术熟练、善于组织进攻。1954年赴当时世界顶级强队匈牙利学习。1955年入选中国国家队。1957年作为中国队成员参加世界足球锦标赛预选赛，同年获运动健将称号，1958年被评为全国十名最佳足球运动员之一。1961年担任国家二队教练，1963年担任国家队教练，1963年担任湖南队主教练，1965年任中国队主教练。1978年担任国家体委训练局领导兼足球班教练，1979年获国家级教练称号，1981年担任国家体委训练局副局长兼中国足球协会副主席、国家队总教练，1988年任中国足球协会主席。

年维泗与本书作者金彭育

足球队队员：王礼宾，大连人，生于1925年，是东北足球队的一员虎将。他先后在大连沙河口公学堂和旅顺高公师范部就读，这两所学校都以足球闻名。由于有亲戚关系，他受大连足坛名将孙世宽影响很大，是孙家沟地带的“孙家将”的最小队员之一，但有东北大汉之称。他在东北队担任左后卫，防守固若金汤，由他们组成的防线，创下了零封其他七支球队的纪录。王礼宾退役后曾出任鞍山市足球教练，后返回家乡大连从事体育教育和裁判工作，为国家级裁判员。20世纪90年代，王礼宾在沙河口李家街出任过全国第一所足球幼儿园教练。

足球队队员：郭鸿宾，大连人，生于1916年。入选国家队时已35岁，是国家队中的大哥大，即使如此，仍然是当仁不让的中国国家队中锋第一人。当时流行的说法是，只要郭鸿宾认了第二中锋，就没人敢认第一中锋。郭老挂靴后培养了大量的足球国字号名将：张京天、孙连璋、盖增圣、桑廷良、张斌等，有辽宁足球教父之称。

足球队队员：王政文，大连人，生于1922年。自小受担任大连足球劲旅隆华队副队长的叔父王鸿云影响，自大连西岗公学堂开始从事足球运动，年轻时到沈阳发展。1949年前，王政文威震华夏足坛著名的东北风足球队主力队员，在东北队担任右后卫，作风勇猛，敢于出击大胆紧逼盯人防守，并擅长助攻，还可以兼任中卫一职。1955年以后，他先后执教沈阳足球队和辽宁足球队，带队取得了全国青年联赛冠军和甲级联赛亚军的好成绩。他在辽沈足坛可以说桃李满天下，拥有国家级教练员和国家级裁判员双职称号。此外，王政文还是一位笔杆子，曾受聘于辽宁体育报顾问。

足球队队员：王寿先（1918—2000），大连人。王寿先是中华人民共和国第一代国家队两名队长之一，司职中卫，身体素质好、速度快、技术全面、判断准确、风格稳健、弹跳尤其出众，头球功夫有独到之处。在国家队前往大西南访问比赛时，被贺老总看中，亲自下调令让他到四川执教。从1954年开始担任西南区足球教练，四川足球队的大多名将都是他的得意门生，王寿先在四川足球界享誉极高。生前曾出任过中国足协副主席一职。

足球队队员：丛安庆，大连人，生于1925年，是新中国首批足球运动健将。他代表东北队参加第一届全国足球比赛大会，与郭鸿宾、王寿先共同担任队长职务，他们共同担任核心技术小组来安排训练比赛，竟一举取得冠军。丛安庆可以打前卫和中卫，意识之好、技术之佳，颇有口碑。20世纪初大连队威震华夏，他是教练兼队员。在全国足球比赛后，专门为他拍过技术示范动作的纪录影片，在全国放映。20世纪60年代初，他到吉林担任教练工作。女足运动兴起，他担任长春女足总教练带领球队获得1986年全国冠军；后加盟大连女足，帮助大连女足取得了1994年全国冠军。

足球队队员：李逢春，吉林延边人，朝鲜族，生于1922年。1951年代表东北区参加1951年全国足球比赛大会；1952年，加入中华全国体育总会成立的体育训练班足球队。1952年7月，入选共和国首届国足，随中国奥运代表团出席芬兰赫尔辛基奥运会。1955年，代表中央体院参加全国足球联赛，获得冠军。1955年，代表邮电队参加全国第一届工人体育运动大会足球比赛。1956年，代表邮电队参加全国足球联赛沈阳竞赛区的比赛。1956年，代表冶金队参加全国产业体协足球联赛。作为教练，李逢春于1957年带领全国公安队，参加全国足球乙级队联赛。

足球队队员：崔曾石（1932—2004），吉林延边人，朝鲜族。1951年代表东北区，参加1951年全国足球比赛大会。1952年，加入中华全国体育总会的体训班足球队。1952年，入选首届国足，随中国奥运代表团出席芬兰赫尔辛基奥运会。

足球队队员：金龙湖，吉林延边人，朝鲜族，生于1927年。1951年代表东北区，参加1951年全国足球比赛大会。1952年，加入中华全国体育总会的体训班足球队。1952年，入选首届国足，随中国奥运代表团出席芬兰赫尔辛基奥运会。1954年，代表中央体院，迎战来访的匈牙利混合队。1955年，代表中央体院，参加全国足球联赛，获得冠军。1955年，代表中央体院一机联队，迎战来访的苏联列宁格勒泽尼特队。1956年，代表林业队，参加全国产业体协足球联赛。1956年，代表北京队，迎战来访的南斯拉夫青年队。1957年，代表林业队，参加全国足球乙级队联赛。作为教练，执教1956年参加全国产业体协足球联赛的林业队，执教1957年参加全国足球乙级队联赛的林业队。

足球队队员：孙福成（1927—1983），大连人，老国家队员，是被尊称为"孙大"的足球传奇人物。他不仅技艺高超，而且人品很好。在第一次全国足球比赛大会上，不仅攻城拔寨，而且宁失一球，不伤一人，从对方守门员身上跳过去，受到大会的表扬。整个20世纪50年代，他一直在为国家队效力。他为人朴实，生活俭朴，很受队友尊敬。1957年，成为第一批被批准的足球运动健将。1958年，他被评为全国观众所喜爱的十名足球运动员之一。他曾出任过国家队队长一职。退役后曾担任北京足球队副总教练，培养了很多京城足坛弟子。

足球队队员：马绍华（1925—2006），大连人，自小爱踢球，1945年曾是建国大学学生的马绍华曾先后加盟华青队、大连日报足球队。有一次门将没有到场，他临时受命，改任守门员，后代表东北队，成了首任主力门将。在第一届全国足球比赛上，他连续七次出场把关，做到了零失球。此后应邀到北京的两场比赛中，力保球门不失，其中扑出了一粒点球，整整810分钟零失球，随后参加了1952年赫尔辛基奥运会。退役后曾先后在沈阳体育学院、吉林、山东任教，是中华人民共和国第一届足协委员。马绍华晚年回到家乡，培育了包括孙继海等一大批足球人才。

# 第三节 篮球国手述林

篮球队教练:牟作云。

男篮选手:陈文彬、么世忠、王琦、王元琪、李汉亭、余邦基、唐振声、徐仲巳、张长禄、黄柏龄、程世春、杨福鹿、赵学元、卢鼎厚、蓝文治、乐嘉洲。候补选手:刘建华。

女篮选手:李丹阳、朱锦云、周勤邦、马申妹、徐婉秀、黄珍、许敏、彭嘉颐、郑于莲、蔡明霞、薛月华。候补选手:鲍临津、杨淑君。

教练:牟作云(1913—2007),天津武清区人,中华人民共和国第一代篮球教练员。牟作云1936年毕业于北平师范大学体育系;1947年毕业于美国春田大学体育系;曾任清华大学副教授、北平师范大学教授。新中国成立后,牟作云历任全国体总中央体育训练班副主任兼国家篮球队教练、国家体委球类司副司长、中国篮球协会主席、中国网球协会副主席、国际篮球联合会技术委员会委员、加入中国共产党,是第五、第六届全国政协委员。1933年创造了标枪全国纪录。作为中国篮球运动员,他参加了第十届远东运动会和第十一届奥运会;作为教练员,参加了第十五届奥运会。牟作云著有《篮球裁判法》。他是中国体育界德高望重的泰斗,有中国体育界元老、中国篮球运动开创者和奠基人之称,他曾是亚洲篮联第一副主席、中国篮球协会顾问,他是国际篮联终身荣誉委员,同时他又是亚洲篮联终身荣誉会长,国家级教练、国家级裁判。他的一生都在为中国篮球运动的崛起和发展作贡献，全国CBA篮球冠军至尊鼎就是以他的名字命名的。

男篮选手:陈文彬(1931—1979),河北乐亭人。中国男子篮球运动员、教练员。他1951年肄业于北京大学，司职中锋;1949—1954年，曾代表中国学联队、中国青年队和国家队多次参加重大国际比赛与友好访问比赛;1954年任中国男篮助理教练;1955—1965年，担任中国男篮主教练。他是中国男篮“快、灵、准”风格的提出者和倡导者,成功培养出钱澄海等国手。

男篮选手:李汉亭(1928—2004)，山东掖县(今莱州)人。李汉亭1952年毕业于天津津沽大学体育系。他于大学期间,入选国家队,成为中华人民共和国男篮的第一代国手。李汉亭于1952年随中国代表团前往芬兰赫尔辛基,观摩第十五届夏季奥运会。1956,李汉亭年开始担任国家男篮“蓝队”教练员;1957—1958年任天津女篮主教练;1959—1988年，担任河北女篮主教练和总教练。近30年，他曾率领河北女篮获得1965年第二届全运会亚军，以及1960年、1961年、1974年的全国女篮甲级联赛亚军。由于他在篮球界的突出贡献，先后当选为中国篮协委员、女子教练委员会副主任、河北省篮球协会主席、教练委员会主任。

男篮选手:余邦基(1927—2020),四川涪陵人,著名运动员、教练员。1948年起他先后在东北军区、八一男篮效力,并获得全国冠军。余邦基于1959年任八一男篮教练，率队多次获得全国甲级联赛冠军及第一至第四届全运会冠军;1962年曾击败苏联冠军苏军队;1977—1978年任武汉军区体工队队长，率队连续两次获得全国联赛冠军。1979年始，他先后任八一体工大队副大队长、顾问、八一篮球队总教练,并当选中国篮球协会副主席。

男篮选手:徐仲巳，上海人，生于1930年，是中华人民共和国第一代篮球国手。1956年，徐仲巳从国家队退役，正式调回上海，出任上海男篮队教练。1957年南斯拉夫男子篮球队访问中国，他带领上海队与之比赛，最后以73∶62战胜了这支欧洲强队。1958年，担任上海男篮一队教练的徐仲巳，被派去支援西北，调任西安篮球队教练。1961年，他被调到山东担任篮球教练，一待18年。1979年，徐仲巳随亲属举家移民美国。2000年，徐仲巳在香港自费出版16万字的个人传记《一个篮球国手的60年经历》。

男篮选手：张长禄，天津人，生于1926年，著名运动员、教练员。从8岁开始，他就在天津自来水厂的操场上练习投篮。由于踏实勤奋，他练就了防守严密、投篮准的绝活。他于1951年入选国家队，参加过第十一届世界大学生运动会；1952年，中华人民共和国首次参加第十五届奥运会的代表队成员之一。他于1954年起，任国家男篮助理教练、教练；1956年后，担任篮协秘书长和副主席等职；1986年起，任国际篮联中央局执委；1987年任亚洲篮球联合会副会长。

男篮选手：黄柏龄（1924—2008），福建泉州人。黄柏龄于1948年代表福建参加第七届全国运动会篮球赛；1950年入选国家队并任队长；1951年代表华东去参加在北京举行的全国篮、排球比赛大会，获得冠军；1954年任国家队助理教练。他先后参加过世界大学运动会、世界青年联欢节，曾访问过苏联和东欧各国。1955年后，黄柏龄任华东师大体育系教授、任体育系球类教研室主任、上海市篮球协会委员兼科研委员会副主任。

男篮选手：程世春，河北冀县（今冀州市）人，生于1930年，运动员、教练员。程世春1952年毕业于北方交通大学（今北京交通大学）；1948年随天津队参加第七届全国运动会篮球赛；1949年在中国青年队效力；1952—1954年入选国家队，是中华人民共和国首次参加第十五届奥运会的代表队成员之一。1954—1956年任中国女篮教练；1956—1965年任北京女篮教练、副总教练，率队获得1956年全国联赛冠军、第一届全运会亚军；1966—1980年任国家女篮和男篮教练、总教练。1981—1985年，程世春任北京市体委副主任。

男篮选手：杨福鹿，江苏无锡人，生于1927年。杨福鹿于1950年毕业于武汉大学电机系，1952年入选国家队。1954—1965年杨福鹿任国家女篮助理教练、主教练，曾率队战胜过捷克斯洛伐克、南斯拉夫等欧洲强队，并获得1963年第一届新兴力量运动会冠军；1956—1960年兼任北京女篮主教练，连续4次获得全国甲级联赛冠军和第一届全运会冠军。他曾任国家篮球队领队、北京体院院长、中华全国体育总会常务委员、中国篮球协会副主席。

男篮选手：蓝文治（1924—2013），江苏无锡人，蓝文治于1949年之前参军。1951年加入八一篮球队，同年入选国家队。他当年便代表中国男篮赴德国参加世界青年联欢节。他于1953年赴罗马尼亚参加世界青年联欢节。1954年，随八一队前往东欧各国比赛，号称“打遍欧洲无敌手”。他发明了一种叫作“小八字”的进攻战术，在国内篮坛风靡一时。1956年，蓝文治任沈阳部队男篮任教练直至退休。他带出了很多弟子，包括在1979年到1983年出任国家男篮教练、1999年被选为中华人民共和国篮球运动员50杰之一的马清盛等。

# 第四节 排球战将

男排选手：王祖洪、江振洪、李荣国、李安格、余瑞河、沙里木江、孙志安、黄亨、黄福彦、钱家祥、卢文枬、韩延春、谭元芳、饶余榕。候补选手：孙继贵。

女排选手：冼少梅、花桂卿、马纫华、陈梅贞、徐平、张履冰、张雷鸣、刘匡生、萧兰玉、龚雅丽。候补选手：李文秀。

男排选手：李安格（1928— ），北京人，满族。1951年李安格于北洋大学航空工程学系毕业，曾任中国男排主二传手。李安格于1980—1988年任中国女排技术顾问、科研攻关组长。退休后，李安格于仍担任女排希望队主教练。他是全国排球界第一位获研究员职称者，两次获排球界的唯一的"全国体育科研先进工作者"称号。李安格创造了包括"单脚背飞"扣球在内的多种单脚起跳打快球和"快抹"等新技术。这些技术在辽宁女排实验成功后推广到全国女排。前中国女排教练袁伟民采用了"快速反击"新理论和多种新技术，在荣获五连冠中起了作用。李安格共出版专著及集体编写的教材21本，曾发表过近百篇科研论文并多次获奖。值得一提的是，42万字的《现代排球》于1996年作为珍品书出版。

男排选手：黄亨（1925—1995），广东台山人。排球运动员、教练员，运动健将。原为农民，参加农民排球队，1951年被选入国家队。黄亨历任中国男子排球队队长，中国女子排球队教练，广东青年男子排球队教练，山东男、女排球队教练，河北省排球队总教练。1954年加入中国共产党。1951年，其所在的广东队，曾获中南区和全国六大区男子排球比赛冠军。作为中国男子排球队队长，其所在队曾获第五届和第六、第七届世界青年联欢节男子排球比赛第六名和第七名，第四届世界大学生运动会男子排球比赛第五名。

男排选手：钱家祥（1926—1989），浙江嘉善人，职业排球运动员、教练员，1984年加入中国共产党。钱家祥于1951年被选入国家队。历任国家排球队教练，中国排球协会副主席、秘书长；著有《排球技术战术训练法》《中国排球发展史》；曾获国家体育运动荣誉奖章。

男排选手：孙志安（1927—2018），1927年出生于岫岩镇，汉族，中共党员。孙志安同志1948年参加中国人民解放军，曾任东北军区体工大队副队长；1950年入选国家男子排球队，代表中国参加了3届国际大赛。从1951年起，孙志安出任八一男排主教练，夺得了4届全国冠军；于1956年借调到国家体委担任排球主教练、国家男女排球的总教练、班主任、党支部书记。

女排选手：龚雅丽，辽宁营口人，生于1932年。1951年在东北师范大学读书时被选入国家女子排球队，成为中华人民共和国第一批国家女排的主攻手。1953年至1955年，龚雅丽先后参加第一、第二届国际青年友谊运动会及第十三届世界大学生运动会。龚雅丽于1955年底到辽宁任女排教练兼队员；1956年到西安体院任教；1957年考入上海体育学院排球研究生；成为我国排球学科中第一名女研究生，毕业后回西安体院任教，先后任教授、硕士生导师，为排球教学理论与方法学科的学科带头人。

# 第五节　体操精英谱

男子体操队：鲍乃健（天津）、杨健民（天津）、乔振英（天津）、王辉泽（黑龙江）、金虎石（吉林）、赵汝立（广东）、陆恩淳（解放军）、韩毅（解放军）徐仁杰（解放军）、邹义鹏（解放军）、吴树德（解放军）。

女子体操队：陈孝彰（解放军）、温小铁（解放军）、罗秀霞（解放军）、蓝亚兰（解放军）、欧阳丽驹（解放军）、戚玉芳（云南）、孙孝珍（湖南）、郑馥荪（浙江）、姜秀芝（辽宁）、董廼曼（天津）、钱丽华（天津）因留学苏联未报到，后赴北京训练。

1953年11月17日，中国国家体操队在天津市重庆道100号成立，选拔了21名队员。首任队长是八一体操队的陆恩淳。

鲍乃健（1936—1998），男，广东中山人。鲍乃健于1953年进入国家体操队；1956年，在全国体操冠军赛中，获双杠、吊环、自由体操 3 项冠军；在全国体操锦标赛中获得全能、单杠、吊环冠军。在苏联体操友谊赛中，鲍乃健获全能铜牌和双杠金牌，这是中国体操运动员首次在国际

鲍乃健

性比赛中取得金牌。其访问民主德国，获得个人全能铜牌、单杠、吊环金牌、自由体操、双杠银牌。鲍乃健于1956年获体操运动健将称号；1962年任国家体操队教练；1964年后，携爱人门晓敏先后印度尼西亚队、伊拉克队教练员。1984年，冰岛体操协会授予二人男女最佳教练员。1985年天津市政府授予体育运动荣誉奖章；1986年应邀前往英国任教。

杨健民夫妇合影

杨健民，男，天津人，生于1933年，曾在天津第一模范小学和浙江中学就读。中华人民共和国成立后，他在中学进入暑期体操培训班，从此进入体操领域。1953年中国体操队成立，杨健民成为第一批国家队队员；1955年随国家队赴莫斯科学习；1956年获得中华人民共和国第一批运动健将称号。他在运动生涯中获得5次全国冠军、4次国际比赛冠军；同时他也是第一个体操满分得主。1961年，杨健民回到天津进入天津体操队，培养出吕明等全国冠军。1964年到1991年杨健民任天津市体操学校副校长；其间，于1986年到阿尔及利亚担任体操教练两年。杨健民与人合译《2500个体操动作》一书，编著《男子双杠》《男子体操基础训练》等。杨健民曾获国家体委颁发的“新中国体育运动开拓者奖章”“天津市体育运动荣誉奖奖章”。

王辉泽，男，黑龙江宁安县（今宁安市）人，生于1933年。1952年，王辉泽于哈尔滨师范专科学校体育科毕业，分配到哈尔滨市第六中学任体育教师；1953年被调入国家体操队为运动员；1953—1960年，曾多次在全国性及分区体操比赛中获得单项及全能的好成绩。王辉泽曾获8次冠军、6次亚军、第三、第四名各3次，第五名2次，第六名7次。其中，他于1956年获得全国体操冠军赛的个人全能第二名及第十六届奥运会选拔赛的个人全能冠军。1959年，王辉泽被批准为国家级体操裁判员。1960年以后，其在哈尔滨体育学院、哈尔滨师范大学任教；曾兼任中国体操协会委员、黑龙江体操协会副主席等职。他著有《16个体操运动健将自选动作图解》（合编）、《体操》（合编）等；撰有文章《对吊环练习“晃动”的探讨》《黑龙江体操运动史略》等。

陆恩淳，男，北京人，生于1931年，1951年毕业于中南军政大学。陆恩淳是中华人民共和国成立后的第一批体操运动员、国家体操队首任队长，多次获得全国冠军。担任教练员后，陆恩淳教出了张健、高健、钱奎等多位体操界“如雷贯耳”的人物。他在与体操结缘的长达半个多世纪的时间里，先后做过运动员、教练员、裁判员，桃李满天下。中国体操队称雄世界的基础，就是从他那代运动员打下的。陆恩淳曾任北京市崇文区（今东城区）政协第九、第十届常委、北京收藏家协会理事、体育收藏品专业委员会副主任。其有《笔耕体操三十年》《体操收藏背后的故事》等多部著作，合著有《中国体操运动史》等书。

陈孝彰（1934—1989），贵州安顺人，女子体操运动员、教练员。陈孝彰于1951年入伍，1952年入西南军区体育工作队；1953年入八一队，同年被选入国家队；1959年后任中国女子体操队教练。她曾获1953年全国体操锦标赛女子全能亚军、女子双杠冠军；1954—1956年三届全国体操锦标赛全能冠军。她带领中国队获第二十届世界体操锦标赛女子团体第四名、第二十一届世界体操锦标赛女子团体第二名。陈孝彰曾获国家体育运动荣誉奖章。其与人合著有《竞技体操115个动作》。1979年后，陈孝彰担任国家体操协会教练委员会副主任、亚洲女子体操技术委员会秘书、训练局咨询委员会副主任等职，被誉为我国“体操之母”。1980年，陈孝彰当选为全国妇联执委。

蓝亚兰，女，四川荣县人，生于1933年，运动健将，国家级教练员。1953，蓝亚兰年进入西南军区体操队，同年底调入国家体操集训队；1954年在全国13城市中等以上学校运动会上，获全能第三名；1955年在全国体操测验赛中，获全能第三名；1956年和1958年在全国体操锦标赛中，除获全能第三名外，还分别获高低杠和自由体操冠军。1958年在第十四届世界体操锦标赛中，她是获女子团体第七名的中国队主力队员之一。1959年在第一届全运会体操赛中，蓝亚兰获全能和高低杠亚军。自1963年起，她担任国家体操队教练员工作，先后培养了亚运会冠军蒋绍毅、全国冠军辛桂秋等40多名优秀运动员。其多次担任参加中日杯、美洲杯等国际体操邀请赛和世界大学生体操比赛的中国体操女队的教练员工作，曾发表《平衡木训练问题》等文章。

戚玉芳（1938—2009），女，出生于河北吴桥，在云南的洱海长大。戚玉芳在小学时开始练体操；1952年入云南省体操队；1953年在天津被选入国家体操集训队，成为中国女子体操队第一代队员。1956年，戚玉芳获第一批运动健将称号。她是中国运动员在平衡木上做单臂倒立的开创者。“文革”中，中国女子体操队解散，她到云南当工人，后调回北京。她于1973年在北京体育馆业余体校任教练，培养一批体操新苗。1979年，戚玉芳援外，任智利国家女子体操队教练。归国后，她即投入健美操的开创活动，到全国十多个省市讲课和训练以推广健美操。1983年6月，戚玉芳在北京正式办起了女子健美训练班。她的健美操著作、挂图、录像带已发行到全国各地，而录像已被8个国家所采用。1985年，她获得国际级体操裁判员称号。

# 第六节　泳池飞鱼

游泳队成员有：吴传玉、穆祥雄、徐致祥、李人、吴旭新、郑素菲（金芸培未到）。当时他们在民园体育场身体训练，春节前即赴广州训练，转年赴匈牙利训练。

吴传玉（1928—1954），男，中国游泳运动员。祖籍福建龙海，出生于印度尼西亚沙拉迪加的一个华侨家庭，1951年回到中国。1952年代表中国去赫尔辛基参加了第十五届奥运会游泳比赛。1953年在罗马尼亚布加勒斯特举行的第一届国际青年友谊运动会游泳比赛中，获100米仰泳金牌。成为重大国际比赛中第一个获得冠军的中国运动员。1954年，他又在第十二届世界大学生运动会游泳比赛中，获得100米仰泳和100米蝶泳两项亚军，随后又当选为第一届人大代表。同年10月29日赴匈牙利学习途中，不幸因飞机失事遇难，年仅26岁。

吴传玉

穆祥雄，天津人，1935年出生于北运河畔的游泳之乡天穆村。从小就在父亲——游泳大家穆成宽的指导下练习游泳。为了把蛙泳动作做得更准确，他抓来一些青蛙放在家里养，仔细观察青蛙在水里的每个动作，再细心揣摩，改进了当时一些不准确的动作，提高了蛙泳速度。从1951年起，穆祥雄就多次打破100米蛙泳全国纪录，并多次在全国比赛和国际比赛中获得100米和200米蛙泳冠军，被誉为“蛙王”。此后，他一共三次打破100米蛙泳世界纪录。和不少运动员的经历一样，穆祥雄退役后担任了中国游泳队的主教练，为中国游泳界培养出了许许多多的优秀运动员。尤其在退休之后，他还成立了游泳俱乐部，培养那些将来有可能成为今后游泳名将的孩子。

穆祥雄

# 第七节　田径英豪

教练：黄健（由八一体工队和1953年田径运动会前三名运动员选出）。女队：刘玉英、郑凤荣、刘兴玉、姜玉民、冼少梅。男队：彭维仕、张士行、余章炎。

黄健（1927—2010），新中国第一位国家田径队教练。1951年，黄健毕业于莫斯科体育学院，回国后长期担任国家田径队总教练。1953年，黄健进入刚成立的中国田径队工作，当时，中国田径队只有他一名教练和5名队员。黄健勇挑重任承担起了中国田径队的男、女跳高训练。1957年，他培养的运动员郑凤荣以1.77米的高度刷新了女子跳高世界纪录，成为中华人民共和国第一位女子世界纪录创造者。黄健的另一名得意弟子倪志钦，也以2.29的成绩打破男子跳高世界纪录。他多次被国际田联和亚洲田联评为“最佳教练员”。

郑凤荣

郑凤荣，女，山东济南人，生于1937年，女子跳高运动员，运动健将。郑凤荣于1953年入国家田径队，历任中国体育服务公司副总经理、中国田径协会副主席。1965年，她加入中国共产党，是第三届全国人大代表，第五、第六届全国政协委员。1954年全国田径运动会上，她以1.45米的成绩打破女子跳高全国纪录。1957年在柏林国际田径比赛中，郑凤荣以1.72米的成绩获女子跳高第一名；同年在北京市田径运动会上，以1.77米的成绩打破女子跳高世界纪录，成为中国第一个打破世界纪录的女选手。1979年起，她曾任中国田径协会副主席、中华全国体育总会副秘书长，曾获国家体育运动荣誉奖章。

姜玉民

姜玉民，浙江嘉兴人，生于1934年，女子田径运动员，运动健将。1959年，姜玉民加入中国共产党；1949年参加中国人民解放军。1953年，她进入中央体育学院田径队；1955年打破100米、200米、400米跑全国纪录；1959年又打破自己保持的100米、200米、400米跑全国纪录，并保持到1964年。

# 第八节　羽毛球名将

羽毛球：王文教、陈福寿、黄世明、施宁安。

王文教（1933—2022），祖籍福建南安，出生于印度尼西亚梭罗，羽毛球运动员、教练员。运动健将。1944年起，王文教开始打羽毛球，20世纪50年代初就成了印尼羽毛球界的明星。1954年回国后，他在中央体院竞技指导科学习和训练，被选入国家队；1957年转到福建队。他历任国家羽毛球队教练、总教练、中国羽毛球协会副主席，世界羽毛球联合会理事。是第五、第六届全国政协委员。1956年至1959年，曾获三次全国羽毛球赛男子单打、双打冠军，并与陈福寿合著《羽毛球》一书。1965年曾率中国羽毛球队远征北欧，打败世界亚军丹麦队及欧洲劲旅英国队。当时的中国队被誉为“无冕之王”。1972年，王文教调任国家羽毛球队教练；1982年起任总教练；1987年被评为“最佳教练员”。第六届世界青年联欢节上获羽毛球赛男子双打（与陈福寿合作）冠军，单打、混合双打（与苏联运动员合作）亚军。第一届全运会上获羽毛球赛单打、双打（与陈福寿合作）冠军。他是第一届世界杯羽毛球赛、第十二届

王文教

国际男子羽毛球团体锦标赛和第九届亚运会羽毛球赛团体冠军中国队教练。作为羽毛球教练，他训练过汤仙虎、姚喜明、孙志安、栾劲等优秀选手。其从事羽毛球运动长达57年，曾获得国际羽联特殊贡献奖，四次获国家体育运动荣誉奖章，著有《如何打羽毛球》。

陈福寿

陈福寿（1932—2020），著名羽毛球运动员、教练员，运动健将。祖籍福建同安，出生于印度尼西亚，曾入选印度尼西亚国家羽毛球队，并代表印度尼西亚多次参加国际羽毛球比赛。1954年，强烈的爱国心、民族感使他毅然踏上归国路，效力于中华人民共和国的羽毛球事业。回国后他被选入国家队，1957年获全国羽毛球比赛男子单打冠军。在第三届国际青年友谊运动会上，陈福寿获羽毛球赛男子单打、男子双打（与王文教合作）、混合双打（与苏联运动员合作）冠军。1958年全国羽毛球比赛和第一届全运会羽毛球赛中均获男子双打（与王文教合作）、混合双打（与陈家琰合作）冠军。他于1962年加入中国共产党。20世纪60年代初，陈福寿因伤病由运动员转为教练员，开始了他辉煌的教练生涯。他历任福建女队教练，国家队教练、副总教练，中国羽毛球协会副主席。曾指导中国女队在第七至第九届亚运会和1984年、1986年尤伯杯赛中获冠军。他训练过李玲蔚、韩爱平等优秀选手。为表彰陈福寿对中国羽毛球事业的贡献，国家体委于1978年到1990年八次授予他体育运动荣誉奖章。1979年，陈福寿获国家级教练称号。1984年，被评为中华人民共和国成立35年来杰出教练员之一。1989年，他又获评中华人民共和国成立40年来杰出教练员之一。2002年5月18日，国际羽联颁发给陈福寿卓越贡献奖状。

# 第九节　乒乓国手

乒乓球：姜永宁、傅其芳、孙梅英、邱钟惠、叶佩琼。

姜永宁

姜永宁（1927—1968），广东省广州市人。1952年获香港乒乓球赛男子单打冠军后，他即代表广东省参加中华人民共和国第一次全国乒乓球比赛，获男子单打冠军，成为国家队员。1955年，他再一次取得荣获全国乒乓球赛男子单打冠军。1954年，在世界大学生运动会乒乓球赛获中他男子单打第三名。1955年，姜永宁参加第五届世界青年友谊联欢节运动会乒乓球赛获男子单打亚军。他曾代表中国队先后参加过第20届、第23届世乒赛，表现出色，被国际乒联评为世界十名优秀运动员之一。1966年，姜永宁被强加上莫须有的罪名而横遭迫害，于1968年5月去世。

姜永宁和孙梅英一家三口人

傅其芳（1923—1968），浙江省宁波市人。他曾率队夺得第25届世界乒乓球锦标赛冠军；率队夺得第26届至第28届世界乒乓球锦标赛冠军。

傅其芳

此外，傅其芳曾率队夺得中国第一个世界冠军、率队夺得中国第一个世界乒乓球锦标赛男子单打和男子团体世界冠军。正当傅其芳率领中国乒乓球队准备迎战两年后在瑞典斯德哥尔摩举行的第29届世乒赛，遭到迫害，不幸于1968年4月去世。傅其芳与中国另一位乒乓球教练梁焯辉合著了十万字的《乒乓球训练法》一书，对中国乒乓球运动发展作出了贡献。

孙梅英，女，上海人，生于1929年。她从八岁开始打乒乓球，曾获25届世乒赛混合双打第3名、26届世乒赛混合双打第三名、27届世乒赛女单第三名、三次获国家体育运动荣誉奖章。她多年担任中国乒乓球女队教练。她培养出张立、杨莹、曹燕华等一个又一个世界冠军。就在她退居二线、担任顾问之后，还倾注心血培养了年轻运动员。孙梅英获体育运动荣誉奖章。此外，她还曾任全国人大代表、中国乒乓球协会副主席、中国乒乓球队顾问。

邱钟惠

邱钟惠，女，云南昭通人，生于1935年。1953年进入中国女子乒乓球队。1961年，她获得第26届世界乒乓球锦标赛女子单打冠军、女子团体赛、女子双打第二名，成为中国获得世界女子乒乓球比赛冠军的第一人（同时也是中国第一个女子世界冠军），曾五次获全国乒乓球比赛单打冠军。邱钟惠是第24、25、27届世界乒乓球锦标赛女子团体第三名和第26届女子团体亚军中国队的主力队员，并获第25届单打、女子双打（与孙梅英合作）第三名和第26届单打冠军、女子双打（与孙梅英合作）亚军。1964年退役后，她任中国女子乒乓球队教练。其现任邱钟惠科贸有限公司董事长。

叶佩琼，女，广州人，生于1937年，中华人民共和国第一代乒乓球女国手。叶佩琼的哥哥从小就喜欢乒乓球，常趁父亲不在家时叫上一帮好手打球，她因此也喜欢上了乒乓球。1953年夺得广州市乒球女单冠军，不久就调到北京队，在贺龙元帅的关怀下，她参军到当时的西南军区打球。由于技术出众，叶佩琼于1957年进入国家队，与容国团、徐寅生、庄则栋、邱钟惠等成为中华人民共和国第一代乒乓国手。

成立于1951年11月25日的中央体训班（国家队前身），地址设在北京先农坛体育场。1952年6月，体训班更名为中华全国体育总会体育训练班，设在原燕京大学。1953年11月17日，体训班迁入当时的天津重庆道100号，，后改名为中央体育学院竞技体育指导科；1956年返回北京，改名为北京体育学院运动系。1973年，运动系更名为国家体委运动员管理局，地址在北京崇文区（今东城区）体育馆路2号。后更名为国家体委（体育总局）训练局。

# 第八章　足球与民园

CENTURY OF MINYUAN

# 第一节　见证天津足球的历史

天津足球的发展史，在一定程度上是海河儿女一百多年的奋斗史。津沽素有“小上海”之称，尤其是津门的足球运动，在国内占有重要地位，与港、粤、沪并列为中国足坛四强。清同治年间，英国基督教伦敦会在津创办的养正学堂，已初见足球活动。师生经常组队与英兵营球队交手。有“辫子足球队”之称。这支足球队训练与比赛的场地都在民园体育场。民园，见证了天津足球的历史。

天津早期的辫子足球队

作为现代足球光临津门的萌芽。北洋大学、南开学校、各官办中学，相继开展了足球活动。1900年以后，足球由教会学校垄断的局面被打破，有了校际的友谊赛和全市性的学校足球大赛。南开学校的张伯苓校长在北洋水师学堂读书时不仅对足球甚感兴趣，更是一名好中锋，对足球也有独到见解。所以他极力倡导和支持足球运动的发展，与学生一起踢球，言传身教，把开展足球运动提到强种强国、塑造民族性格的高度来抓。1919年南开大学成立后培养出大批足球人才，其球队多次获得全市足球赛的冠军，代表天津、河北、华北参加地区和全国性的比赛。此时，足球运动已扩大到社会，在工人群众中日渐活跃，自发的工人业余足球组织和球队开始涌现。中纺一厂队，北宁队成为津门足坛上的霸主，为天津足球史写下了光辉的篇章。

张业福

20世纪30年代的天津足球空前活跃，竞赛繁多。1935年，以北宁队为主的中华队一举夺得第六届“爱罗鼎杯”赛冠军；1937年，中华队再展雄风，从洋人手中夺得“万国杯”桂冠，大长了国人志气，灭了洋人威风。1937年4月，北宁队跨海东征，以四战皆胜的战绩又横扫日本。消息传来，国人无不扬眉吐气、欢欣鼓舞。谁知此举激怒了日本军国主义者，竟以“鸿门宴”的形式将北宁铁路局局长陈觉生骗到北京铁路局，负责北京铁路局的日本人奉命在宴请陈觉生的酒中下了毒药，在一片“为北宁队访日祝捷”的喧叫声中，无辜的陈觉生酒后身亡。但是，中华男儿并没有被吓倒。1938年，中华队勇夺得第九届“爱罗鼎杯”足球赛冠军。同时，天津埠际队集中了津门足坛中外精英，参加港沪津之埠际赛。天津从1928年参赛，7次参战，6届获冠军，1届亚军，实为津门之光荣。天津足球健儿不仅入选埠际队，而且还加盟中国队参加远东运动会足球赛和1948年在英国伦敦举行的第十四届奥运会足球赛。可惜在1948年上海举行第七届全国运动会时，天津竟派不出一支像样的球队参加足球比赛。东三省的“东北风”足球队访津时，竟席卷津城，可见天津足球每况愈下。在1948年举行的全市足球比赛中，也是草草收兵，开津沽未有之举，天津足球跌入衰退期。

中华人民共和国成立后，百业俱兴，天津足球运动也展开新的一页。

起初，“老友”“旧友”“小友”等球队活跃起来，焕发青春，甚至为抗美援朝募捐举行过足球义赛。1953年，天津派出天津队和青年队参加在上海举行的全国足球锦标赛，青年选手张俊秀、孙宝荣、王金丰被选入国家足球队，这是天津土生土长的最早的三位国脚。1956年，天津成立了全国第一所青少年业余体校，设有足球班，在足球后备力量的培养上领先了一步，张业福等著名国脚就从这里起步。同年，天津体训班足球队应运而生，在全国青年足球锦标赛中荣获亚军。

# 第二节　中国白队落户津门

1952年，国脚们在外地百日拉练后。回到北京。同年4月，他们来到天津，在重庆道100号（现重庆道64号）住下，民园体育场也成了中国足球队的训练场。中国足球队白队成立于1956年，目的在于与同时成立的国家足球红队携手备战当年在墨尔本举行的第十六届奥运会。红队与白队都是以当年匈牙利留学归国球员为主要班底，在随后由红队、白队、上海、八一等队参加的奥运选拔赛上，白队以1比2不敌红队，失去了参加奥运会的资格。1957年，白队14名球员落户津门，这标志着天津足球队正式创建。民园体育场也因此翻开了新的一页。

1957年3月，任国家体委副主任荣高棠、黄中召集中国足球队白队全体队员，宣布了将白队下放天津的决定。国家足球白队落户津门是有原因的。从20世纪初开始，足球运动便在天津开展起来。那时，足球在天津有广泛的群众基础，观众也很观赏，但缺少一支实力雄厚、能担当起国内外重大比赛任务的球队。1955年，苏联泽尼特足球队来华，在民园体育场比赛，迎战他们的却是吉林队和“红旗”队，有时也请“火车头”队代表东道主参赛。全国性的比赛也经常在津举行，可鲜有天津球队参加。那时的天津人民多么希望有一支自己家乡的足球队啊！

1957年4月2日，在领队王伯青、教练邵先凯的率领下，国家白队的14名队员，在北京先农坛体育场与年维泗、张俊秀、张宏根、谢鸿钧老大哥们洒泪而别，乘火车来到天津。到津后，受到当时的李耕涛市长和天津市体委领导和各方面的热烈欢迎。这些队员，多数是在1953年首届全国青年锦标赛中选拔出的优秀选手。他们是八一队的曾雪麟，天津的王金丰，北京的李元魁、刘荫培、广东的任文根、苏永舜、邓雪昌，延边的金昌吉、崔泰焕，上海的陈山虎、袁道伦、张水浩，大连的孙元云，重庆的严德俊。教练是李凤楼、邵先凯、薛吉竹和鄂伯尔。他们受过苏联、匈牙利专家的系统训练，技术全面，战术配合熟练，作战意识强。队员虽来自全国各地，讲话南腔北调、吃饭口味各异，但在共同的理想中建立了深厚的友谊。从此。这些小伙子们把青春撒向天津足球这片沃土，以队为家、团结拼搏，使天津足球队在国际、国内重大赛事中取得较为优异的成绩。由于赛事频繁，连续征战，球队兵力不足，又从天津青年队抽调了李恒益、李学浚、胡凤山、陈少铭四名新秀充实队伍。他们进入天津队后，在短时间内适应了队里的训练和打法。这批生力军的出现，使天津队实力更强、更有朝气了。

# 第三节　“津队”亮相捷报频传

中国白队1957年4月来津，当年就披上天津队战袍参加全国甲级联赛。对于这支并不是由家乡子弟组成的队伍，天津球迷虽然起初有陌生之感，但是随着一场场胜利，天津球迷在欣喜之中，开始与这些来自山南海北的天津队队员熟识、贴近。“天津足球队”在民园体育场闪亮登场，表现不凡，观众情绪高涨。不少人赛后握着队员的手，激动地连声说：“我们天津有自己的甲级队了！”从此，这支落户津门的队伍，与广大球迷的心紧密相连。不久，全国甲级队联赛第一阶段比赛在天津举行，使球队很快地亮相了。最后一场迎战武汉队，该队拥有国家队三名国脚，实力不俗。那天，热情的天津观众拥进体育场，怀着好奇的心在想：天津怎么有甲级

1959 年苏联泽尼特队与河北省队在民园举行足球比赛

队了？到底由哪些人组成？也有部分球迷已得知这就是原国家白队，都争先来一睹他们的风采。比赛开始，天津队就占有明显的优势，进攻得法、防守稳健，踢得有板有眼。由苏永舜、崔泰焕、金昌吉组成的“铁三角”，牢牢地控制了中场；前锋陈山虎、袁道伦频频交叉渗透，鱼跃、倒钩，连续攻门；张水浩的接应传球，孙元云的头球，都有杰出表演；由严德俊、邓雪昌、王金丰和李元魁组成的后防线，当时在国内属一流，再加上稳健、机智的曾雪麟把守大门，令对手难以破门。最后，以天津队2∶0取得胜利。随后，天津队又以2∶0胜上海队，6∶1大胜“红旗”队，2∶1胜南京部队队。

严德俊这名中国白队的主将，后来担任天津队主帅十年，他生于重庆，成名于天津，天津这块足球沃土是他的第二故乡。严德俊说：“我有生以来经历过两次大手术，第一次是在天津队当队员时做的胃切除三分之二的手术，第二次是在天和医院做的肠梗阻切除手术。两次大手术之前都很危险，都有性命之忧，但是都闯过来了。老曾（曾雪麟）对我说，你在天津安家娶妻生女，天津一方水土保你平安。我相信老曾的话。”严德俊回忆说：“由我们白队队员组成的天津队，第一场比赛是同武汉队交手，那时的武汉队是国内强队，有袁吉发、秦维豹、张英忠三名国家队员，看台上的观众十分踊跃，天津队2∶0取胜之后，天津的球迷才知道我们这些白队队员是不会辱没天津队名声的。让天津球迷引以为豪的是，我们在1959年4月与苏联甲级联赛第三名泽尼特队的比赛。和天津队比赛之前，泽尼特队访华的几场比赛全部获胜，而就是我们这些白队队员组成的天津队与他们1∶1战成了平手。从此，我们这些白队队员才被天津球迷接受，把我们看作天津人。”随着天津足球队正式创建，民园体育场也翻开了新的篇章。尽管当时全国联赛实施的是赛会制，但只要比赛在天津，民园体育场就是理所当然的天津队主场。这支以国家队队员为主要班底的天津足球队以全面的技术、泼辣的攻势打法，以及硬朗的作风闻名全国。在全运会、全国甲级联赛和全国足球锦标赛上，这支天津队共获五次冠军、五次亚军、五次第三名，成为中国足坛一支名副其实的“王者之师”。这一代人也成就了天津足球雄厚的基础。

## 第四节　对外国强队的阻击战

天津是中国近代足球的沃土，有着深厚的足球基础。多年来名帅云集，人才辈出。天津足球队以原国家白队为班底，创建于1957年，技术全面、作风顽强、打法硬朗，在中国足坛独树一帜。从此，天津成为中国足球重镇。天津队在全国比赛中也一直名列前茅。当时，欧洲和南美国家的足球实力最强。外国强队来华比赛，往往是大获全胜，鲜有败绩。但外国强队来津，与天津队过招，却会受到强势阻击。在民园体育场，外国强队于天津队交锋，有时会打个平手，有时会败下阵来。

1959年4月，天津队接受国际比赛任务，对手是苏联甲级联赛第三名泽尼特队。这个队拥有数名国家队和国家青年队选手，到津之前已在全国赛过数场，且获得全胜。为了不让他们“扫平”中国，当时的国家体委领导亲临天津，参加赛前准备会。领导和广大球迷对天津队寄予很大希望，队员们更觉重任在肩。哨音一响，双方短兵相接，展开了激烈争夺。天津队打得十分顽强，邓雪昌、李恒益镇守中路，多次阻击了对方利用身高的长传冲吊战术。边后卫严德俊、王金丰逼得紧、铲得凶。苏永舜和崔泰焕的积极配合，张水浩的中场极积逼抢，组织一次次的攻势，前锋大范围交叉换位，不断威胁对方大门。30分钟左右，袁道伦右侧抛界外球，孙元云头球摆渡，将球送到门前左侧，胡凤山快速插上一脚破网！全场观众情不自禁地手舞足蹈，欢呼起来。泽尼特队先失一球后，踢得更加凶狠。这时天津队前锋和前卫体力下降，中场优势逐渐被对方夺去。由于天津队将士奋力拼抢，客队长时间未能破门。距终场仅10分钟了，客队前卫是苏联国家队主力捷尔卡切夫，只见他在40米远处得球，突然起脚“发炮”，球又疾又刁，曾雪麟反应不及，球已飞入大门。终场哨声响时，双方以1:1战平，比赛结束。热情的天津球迷久久不愿离去，他们高兴地说，别看咱们没赢这场球，可队员们拼了全场，打出来风格和水平，到底没让他们“扫平”中国，为中国人民争了光。

当年在民园体育场，还与阿尔及利亚国家队进行了一场比赛。当时阿尔及利亚队中有两名世界级球星鲁非和苏坎。之前阿尔及利亚队在同北京、广东等队的比赛中都是大比分获胜，狂妄的他们当然也不会把天津队放在眼里。但是比赛中，天津队用细腻的传接球配合、硬朗的作风干净利落地以5:1大胜客队，让对手刮目相看。此外，天津队还在民园体育场以2:0战胜伊拉克队、7:1狂扫世界劲旅英国队、1:1战平匈牙利二队，可以说中国足球迈向世界的强音是从民园奏响的。民园体育场见证的不仅是一场场的胜利，更是中国足球的奋进拼搏的成长历程。

## 第五节　让球场亮起来

1954年，民园体育场进行大规模改建，足球场地由原来的沙土地改铺了草坪，四角搭建起了24米高的木质灯架，成为我国第一个灯光草坪球场。1957年8月1日晚间，孙洪年、杨金城、王俊生等津京足坛名宿在民园体育场参加了一场灯光足球义赛，比赛精彩激烈，观众情绪高涨。作者的父亲是个老球迷，那场球他去看了。后来他多次提起第一次观看灯光足球的感受，仍然兴奋不已。他说，以前都是下午看球赛，骄阳似火，晒得够呛；但若是看灯光足球赛，晚上轻风吹着，十分凉爽，看球的感觉好极了。队员在晚上比赛，跑动更积极，场面也更精彩。同年在匈牙利的首都布达佩斯也举办了一场世界著名的友谊赛，结果匈牙利以7:1战胜了对手英国队。当时的比赛场地在欧洲算得上是比较先进的，但是仍然没有架设供晚间比赛所使用的灯光设备。由此足以见得当时民园体育场在世界上的领先地位。

1979年，民园体育场进行大规模改建，工程于1982年完工。新建好的民园体育场南北方向共设4层，首层为大厅，2、3层为贵宾室，4层为技术服务中心。东西方向看台为3层。所有看台为13个分区和1个特区，并设13个出入口和3个贵宾出入口，可容纳观众两万余名。整修过的钢制灯塔高48米，比原来的木质灯架高出一倍。体育场西侧还设有高4米、长9米的电子记分牌。内部是符合国际标准的足球场，外围设有8条塑胶跑道。1994

1985 年民园建塑胶跑道

年以后，民园体育场就一直是天津泰达足球俱乐部的前身天津三星队的主场，1998年，泰达接手球队后，又为民园体育场安装了塑料座椅。

2004年，天津泰达将主场迁往泰达足球场。位于天津开发区的天津泰达足球场于2004年5月15日晚在中国首届中超联赛开幕式中展现了它迷人的风姿。远远看去，在塘沽港穿梭的轮船、林立的桅杆衬托下，银白色球场建筑就像一艘乘风破浪的巨轮。这个位于天津市滨海新区的专业足球场，在球场建造、场地尺寸符合国际足联标准，也符合奥林匹克和世界杯的规格标准。泰达足球场获2005年度中国建筑工程鲁班奖（国家优质工程）。它集中了当时世界上最先进的建设理念和手段，许多硬件设施不仅创造了全国之最，在世界上也堪称一流。场地照明采用四个灯塔的集中照明结合内檐上带状照明，既保证了场地照度又避免了眩光。

# 第六节 河东足球与民园

法国兵营最初设在天津法租界水师营路（现赤峰道1—3号），占地11市亩，建筑面积6203平方米，驻军数百人，又名“紫竹林兵营”。1900年，法国军队在东局子另设一座兵营，驻军2000余人，番号为法国远征军海军陆战队第16团，又名“东局子兵营”。1902年，八国联军结束对天津的占领时又议定额外驻扎1007人。因此，法国当局在天津实际驻扎达2000余人。由于当时的紫竹林兵营容纳不了太多的士兵，因此法国军队强占了已毁于炮火的天津机器局并辟为“东局子兵营”（现解放军运输工程学院校址）。“东局子兵营”亦称“法国营盘”，面积很大，外国人经常在营盘内举行足球比赛，这也可以算是足球传入中国的一个渠道。

在天津历史上，足球运动开展较早，而产生人才最多的地方，便数以大直沽为中心的河东一带了。河东人也由看球转为玩球、踢球，而且踢出了名堂，几十年来培育了几代绿茵豪杰。河东足球之所以开展较早且颇活跃，一是因有英美烟草、亚细亚石油、合记打蛋等外企，有裕丰纱厂、宝成纱厂、双喜纱厂、昌和工厂等中企，有烧锅（酿酒业）等行业的殷实之户，在厂内开展足球活动，河东人得风气之先；二是河东子弟多喜习武，各村都有场地，待足球风起，习武之人转踢足球，身体素质好、技术掌握快，且习武场可作足球场，各企业愿组织球队相互比赛。20世纪20年代，河东地区便有足球队20多支，队名有震华、振津、新津、联华、三友、国光、燕北、乐群、英武、东联、飞虎、津海、振贾、建国、勇联、津联、复兴、中一、弟联等。各队多有自己的足球场地，震华在刘台（河东体育场南侧），三友在大直沽后台，联华在花墙子，振津和新津在大王庄，东联在东局子，津海在郑庄子，振贾在贾家沽。值得一提的是大直沽的震华队，阵容整齐，经常在法国营盘以及民园体育场和英租界球场（现新华路体育场）与外国球队交锋，屡战屡胜、势不可当，蜚声津门。1934年在北京举行华北运动会由胡宗义（胡宗南之弟）为领队，队员均以天津河东大直沽人为主，组成了河北省足球队。在与北京足球队决赛时，经过激烈交锋，大直沽人李广祥一记狮子甩头，攻破北京队大门，河北省足球队以1∶0获胜，夺得华北运动会足球赛的冠军。1935年，大直沽的震华队获“高纪毅杯”足球大赛冠军。同年，以大直沽球员为主的中华队战胜西洋各国联队，一举夺得国际“爱罗鼎杯”足球大赛冠军。1937年，球队东渡日本，以四战四捷的战绩挫败日本各队并最终夺冠。

大直沽的足球运动蓬勃开展，其球队在历史大赛中取得佳绩，这得益于当时南开大学体育教授、系主任侯洛荀先生。侯先生早年曾赴欧洲九国考察体育运动的教学、设备、管理以及先进的科学训练方法。他看到大直沽有很好的足球运动基础、有一批具有足球运动资质的优秀球员，便亲临现场为球队进行规范的训练和指导，亲自教授球员学习英语，以提高球员在国际大赛中的交流能力。因此，球员们的文化素质、球技、战术、配合等都得到了很快提高。他们当时以世界五大球王之一、中国的李惠堂为楷模，要为中华之崛起而踢球。中华人民共和国成立后，河东的足球运动发展迅速，各工厂企业，大、中、小学校也都组织起了自己的业余足球队。每逢节假日，在河东体育场经常举行足球友谊赛、锦标赛。河东的足球运动也深受国家的重视和关怀。20世纪50年代，时任体委主任贺龙元帅曾委派足球司长黄中到这里视察、指导，并给予支持。后来，在河东体育场的基础上，扩建了三个大足球场，完善了体育训练设施，建立了业余体校，培养出了孙霞丰、张俊秀、蔺新江等一大批国内知名的优秀足球运动员。河东足球先后为国家队、解放军队及各省市队输送了众多的人才。“足球之乡”的美誉延续至今。

谈起天津河东足球，不得不说到天津卷烟厂足球队。该足球队最初名为英美烟公司足球队，后又更名为颐中烟草公司足球队。英美烟公司在天津及华北地区有着悠久的历史。1912年以前，该公司产品一直由天津的老晋隆和高林洋行代为经销。1912年，英美烟草公司在津设立办事处；1920年成立了英美烟公司天津部。英美烟公司为了适应形势的发展，逃脱五卅运动后中国人民抵制英货运动的锋芒和各种捐税，化整为零。1934年，颐中烟草公司成立了。这支企业足球队历史悠久，一直是天津绿茵场上的佼佼者。1947年，颐中烟草公司足球队重新组建并参加比赛。中华人民共和国成立后，随着工厂的新生和职工生活的改善，职工业余足球运动得到发展。1952年，天津卷烟厂先后组建了甲、乙、丙三支足球队，修建了两个足球活动场地，这为足球队在以后的比赛中取得不俗战绩打下了基础。1952年，全市工厂企业举行职工足球联赛，经过激烈交锋，天津卷烟厂足球队勇夺冠军。1953年，中国国家足球队红队在出征匈牙利前，与卷烟厂足球队进行了一场热身赛。

颐中烟草公司足球队在民园，前排右一为刘雨臣先生

比赛上半场，卷烟厂足球队率先破门得分，国家队教练很着急，不断现场指挥，临终场前五分钟国家队红队才攻进一球，以1∶1的平局结束了比赛。天津卷烟厂足球队不仅球技好，思想品德也高。抗美援朝期间，他们主动提出组织义赛募捐。球队先是在天津踢了三场，后又移师北京踢了三场，场场观众爆满。在北京的三场比赛都取得了胜利，特别是战胜了强大的北京队，给北京球迷留下了深刻的印象。天津卷烟厂足球队培养出多位优秀的足球运动员，主要有张国隆、刘维起、刘雨臣等人。其中，张国隆、刘维起在1951年曾入选天津队。张国隆在天津队，与战友们共同踢了六个年头。张国隆在1978年退休后加盟天津足球元老队，直到1996年76岁高龄时才脱下战袍。家住河东区大王庄庆余里的刘雨臣（1923—2001），是从踢胡同小皮球开始的，上学时便是学校足球队队员，后进入颐中卷烟厂，从事工会工作。由于他身体素质好、足球技术出众，理所当然地入选颐中卷烟厂足球队。刘雨臣踢右后卫，他一米七六的个头，身体壮实，作风顽强，防守十分稳健，有“坦克”之称谓。他经常带着两个儿子刘强、刘壮在民园体育场踢球，看球。只要民园周日有足球比赛，他会千方百计地买到票，带着刘强、刘壮哥俩看球，爷仨看得津津有味，使足球爱好在孩子身上得到了传承。

# 第七节 “老国门”的民园情结

“老国门”张业福是地地道道的天津人。当年他在天津市第一中学，足球、篮球、排球、乒乓球无一不爱好，田径场上的跑、跳项目也多次在学校、区比赛中名列前茅。

1956年，张业福调入天津青年队任守门员，当年该队即荣获全国青年锦标赛亚军，转年又一举夺得冠军。1958年，张业福进入天津队。1959年在广州，他参加了由北京、天津、上海、广东、八一队队员组成的足球运动员冬训。在身体素质测验中，他上演了惊人一幕：原地纵跳达到1.03米！这个成绩在当时的男排队员中也难以达到。此外，他百米跑的成绩也达到了11秒80。就是在今天，国内的优秀守门员也望尘莫及。以后，他成为天津队的正选门将，天津队在1960年夺得全国联赛和锦标赛的双料冠军，张业福荣立大功。1962年，他荣获全国最佳守门员称号，并进入国家队。20世纪六七十年代，他长时间镇守着国家队的大门，运动生涯一直延续到1975年。除了镇守球门成绩卓越，他也是足坛最有成就的守门员教练之一，带出的弟子有王建英、郭嘉儒、李继明、施连志等人。他们中，有的后来接师傅的班，继续把守“国门”。不论在天津队、国家队，民园体育场都是张业福最熟悉、最热爱的地方。

进入20世纪90年代，中国足球职业化席卷大地，张业福先后去了青岛、北京、珠海等地培养年轻守门员。其中，他的弟子，青岛队的王灏曾入选国奥队。不论他在哪里执教，回天津比赛、探亲，必须去的地方就是民园体育场。但天有不测风云，人有旦夕祸福。1995年，就在张业福即将应邀前往美国执教的时候，他突发心脏病去世，享年56岁。他的死讯震惊天津和国内足坛。

二十多年过去了，天津足球圈里最后送过张业福一程的人，除了不忘他曾经辉煌的成绩外，对他生命终点的细节也始终难以释怀。蔺新江指导忘不了，张业福是死在他怀里的。这只能解释是冥冥中注定。从来都没有心脏病史的张业福发病那天上午，蔺新江正好去他家里看望他。聊天的时候张业福倒下了，蔺新江急忙把他送到医院，联系了他的爱人和孩子，看到他脱离危险了，老蔺才离开医院。那天晚上，老蔺放心不下张业福，约了严德俊等老友一起去医院看望。看到来了那么多人，张业福挺高兴，聊天的时候，他对蔺新江说躺着觉得后背有点不舒服，让老蔺把他扶起来一点。就在老蔺小心翼翼地扶起张业福的时候，忽然感觉肩头一沉，再看老张已经把头垂在他肩上，失去了知觉，这一回不仅蔺新江没能帮上张业福的忙，医生也没能救张业福的命，"一代国门"就这样走了。张业福的徒弟们忘不了在送师傅上路的时候，突然下起了瓢泼大雨，大家宁愿相信这是上天对张业福逝世伤感的迎合。在和师傅诀别的时候，几个徒弟坚持单独给师傅行了礼。

张钺是张业福的儿子，是张业福续做自己足球梦的希望。长大后的张钺遂了爸爸的心愿进入天津足球队。张业福去世的时候，张钺刚刚从一线队退下来，当了教练，共同的足球事业让他比别人更懂父亲的心，所以送父亲上路的时候，张钺特地在他身边放了个足球。灵车启动，张钺又特别拜托开灵车的师傅，围着民园体育场转了两圈，让父亲最后看看他最熟悉、最热爱的民园体育场。

## 第八节　蔺指的永远记忆

由津门足坛名宿石勇投资的酒吧在民园广场举行了盛大的开业仪式。该酒吧位于新民园广场三楼，占地千余平方米，以足球和音乐作为酒吧的主题，为津门球迷增添了看球、聊天以及娱乐的新去处。作为石勇当年的教练，蔺新江激动地说道："我从20世纪60年代就在这里踢球、练球，民园体育场是天津足球开始的地方，也是一片福地，石勇在这里投资酒吧肯定会干得很好，这里在天津市可以说首屈一指，这么好的设施和地点肯定会干得很火，他比我们这代人有创造性。"

蔺新江教练

蔺新江原籍山东，1946年生于天津，是中国优秀的足球运动员、教练员。蔺新江成长在号称"足球之乡"的河东区，受父辈影响自幼迷恋足球。他15岁入选河北青年队，多次参加全国甲级队联赛，取得良好成绩，在全国足球甲级联赛中获前四名。他是优秀的前锋球风高尚、控球技术好、拼抢积极、善于一对一过人射门得分。"文革"期间，他依然钟情足球，没有队伍就独自到体育场苦练基本功，技术能力更加坚实。机会都是给有准备的人，他于1970年入选国家足球队，在年维泗任教

蔺新江与本书作者金彭育

练时担任队长。蔺新江司职前卫，凭借身高和体力的优势、超群的攻防能力和尽心尽职的责任感，加之控球能力强，善于带球过人，射门屡有斩获。他有在禁区外一脚远射功夫，可以在关键时候一脚定乾坤，因此成为绿茵场上的多面手。因此，他多次随队参加国际比赛：1971年访非洲；1972年迎战来华访问的智利国家队；1974年参加第七届亚运会和第六届亚洲杯预赛，并取得决赛权。1976年，蔺新江任北京部队足球队教练，使该队多次取得全国足球甲级联赛前六名的好成绩，为此受到部队的嘉奖，两次荣记三等功。蔺新江后来还曾执教天津泰达队、厦门厦新队（厦门蓝狮）。

1982年，蔺新江调天津河东区体校任教练；1983年，进入新组建的天津女子足球队教练班子，辅佐李学浚执教，把这支默默无闻的队伍带成全国比赛的亚军、冠军。1988年11月，蔺新江与商瑞华、李必教练组建了新一期的国家女子足球队，共同奋斗四年。通过教练组和女足姑娘的努力拼搏，球队荣获1990年亚洲女子足球锦标赛冠军、1991年亚运会女子足球赛冠军。告别国家女足之后，适逢男子足球进入职业化初始阶段，蔺新江曾执教天津三星队；后又随迟尚斌带领厦门远华队（厦门蓝狮），任教练员。进入古稀之年的蔺新江，依然活跃在津门草根足球和校园足球之中。2013年，他作为“57号花园酒店足球队”教练，执教了民园的最后一场足球告别赛。

# 第九节　天津是我第二故乡——记严德俊

严德俊这名中国白队的主将，后来担任天津队主帅十年，他说他生于山城重庆，成名于天津，天津市这块足球沃土是他的第二故乡。

严德俊（1935—2017），运动健将，曾任天津市高级教练员、天津市体育科研委员、天津足协委员。严德俊生于教授家庭，少年时代的严德俊曾是一名游泳健将，他和足球的接触是从给哥哥背球靴开始的。受哥哥的影响，他喜爱足球运动，经常参加各种比赛。1952年底，高中毕业时入选重庆市青年队集训，第二年3月，在上海参加了11城市青年足球锦标赛，后被执教的王寿先调西南区代表队，此时他的身体素质和技术水平都有较快的提高。1954年12月，被李凤楼教练相中选入国家队；1955年，苏联专家拉辛来华执教，严德俊的技战术水平正在升华的时刻，疾病却影响了他的训练——胃切除了三分之二。但他靠顽强的拼搏和坚定的事业心，战胜了各种艰难困苦，重返足球场。1957年，国家白队落户天津，在海河

严德俊教练

两岸掀起了足球热潮，这成为严德俊人生中的一个重要转折点。在津门，他迎来了自己他足球事业的巅峰。严德俊在足球场上担任右后卫，拼抢凶猛、作风顽强，当时和王金丰、邓雪昌并称“三大后卫”。1957年，他随国家白队借调天津参加国内外比赛并取得较好成绩，曾以5∶1大胜拥有世界球星麦克鲁非的阿尔及利亚国家队、以2∶0胜伊拉克队，也曾以1∶1战平匈牙利国家二队、苏联泽尼特队、瑞典尤哥登队。其效力球队在国内曾获得第一届全运会亚军，1960年获全国甲级联赛和锦标赛双项冠军。此时他司职主力中卫和边卫，在比赛中发挥较高水平，为事业作出了贡献。

驰骋绿茵十几载后，31岁的严德俊正式挂靴。随即在天津开始了他同样辉煌的执教生涯。他善于学习国内外先进技术经验、注意积累资料、不断总结心得体会，丰富和提高了业务水平。1964年12月，他率天津队出访越南六战皆捷；1965年在第二届全运会上代表河北获得冠军。

1974年5月，严德俊赴西非毛里塔尼亚，担任该国青年队和国家队的教练工作，为该国足球运动水平的提高作出了巨大贡献，并获得该国的好评。1975年9月，他赴中非布隆迪任国家队教练；两年后回国任天津队主教练。在他执教的十年中，天津队不仅在国内比赛中取得优异成绩，还圆满完成了出访任务。

多年执教使严德俊深切地感到：一个教练员必须具有坚定的事业心，刻苦钻研业务，不断改进和设计训练以形成自身特点，严格管理队伍，注意工作方法，才能培养一支作风顽强、具有技战术特点的运动队。1980年，严德俊率领天津队在全国足球甲级联赛中一举夺魁，三年后又摘取了第五届全运会的铜牌。在津执教的10年间，严德俊是中国足球界出访最多也是成绩最好的教练之一。在国内比赛中，严德俊率队屡创佳绩，为津门球迷留下了无数难以忘怀的精彩瞬间。

严德俊是一个多才多艺的人，球艺好自不必说，还拉得一手小提琴、写得一手毛笔字。此外，他还是一个善于积累资料的有心人，他收藏的足球资料之丰富在圈内人中首屈一指。

# 第十节　校园足球的开拓者——记冯以理

桃李不言，下自成蹊。校园足球的开拓者冯以理先生先后为天津市及全国各地的专业足球队培养输送的50余名优秀运动员。天津第十八中学也被命名为足球传统学校，学校几十年来弥漫足球氛围为人乐道，为天津乃至全国的足球运动发展作出了名副其实的贡献。在德高望重的冯先生身上，一生有说不完的足球话题，道不尽的绿茵情缘。

冯以理教练

冯以理（1921—2019），生于北京，自幼喜爱足球。20世纪40年代，冯先生在北京辅仁大学经济系读书时，参加校紫星足球队，在校体育部主任、教练李凤楼指导下，与邵先凯、李朝贵等校友驰骋球场。他于1946年大学毕业，1948年到天津海关工作，同时与足坛名脚钱立普、夏忠麒、孙德茂等组成“旧友”队，活跃于津门。中华人民共和国成立后，从1951年开始，冯以理曾代表华北队及天津队，任主力右边锋，与年维泗、史万春、孙德茂等中国足球名宿同为队友。其新在得球队参加首届和第二届全国比赛。

1953年怀着对足球的眷恋，他舍弃了海关工作，来到第十八中学担任体育教师。由此，他把足球带进校园，在全校开展足球运动。每当课余时间、中午饭后、下午放学，足球场上踢球的学生密密麻麻，无数足球在场地上飞舞、滚动，形成一大景观。学校中班有班队，校有校队，比赛常年不断。

在冯以理的极力倡导、指导、训练下，第十八中学的整体足球水平名噪20世纪五六十年代，校代表队在全市中学生比赛中，连年创造佳绩。在普及的基础上，冯以理为天津和全国各地输送专业人才50多名，其中张亚男、李长俭、季宝林、张尚云、刘正民、张宝贵、贺洪山、周宝刚等，都是天津乃至全国足坛名将。

在长达30多年的体育教育中，他开创了校园足球新模式，书写了校园足球新篇章。他常年不辞辛劳地在场地上指导学生训练，平时脸上带着微笑和蔼可亲，训练比赛毫不留情、要求严格。他十分重视体能和技术两个方面的训练，强调体能是前提，技术是根本，因此特别下功夫教学生苦练基本技术。后来成长的优秀球员，无不在他的雕琢下从小打下深厚的基本功。

冯以理有着高深的文化素养，多年热衷学习，从中汲取营养。比如1956年，匈牙利队采用全新的战术打法，以7∶1的成绩大胜英格兰队。他通过途径研究匈牙利队的创新打法，然后把他们采用的四前锋（四二四阵型）、三角短传、交叉换位的技战术讲解给学生；还请苏联专家来校讲课、点评，使学生早早地了解到世界先进的足球发展趋势，并在平日训练和比赛中学习、体验。他的这些传授，让昔日的弟子们至今难以忘怀。

冯以理教给学生们的不仅仅是技术、战术方面实用的东西，更有对足球运动真正认知的先进理念。他讲得最多的是：足球运动不仅可以锻炼体魄建设和保卫国家，更能磨炼毅力，有顽强的意志才能战胜艰难险阻取得最后的胜利。再如，他认为：足球不是拿球人的比赛，要有一盘棋的思想，要有集体主义精神；要抬头踢球，要用余光踢球，要用脑子踢球，跑动是踢足球的生命。冯以理老先生多年前传授给尚在读中学弟子们的诸多理念，延至今日仍不落伍。

冯以理教书育人，辛勤耕耘，在足球场上十分注重培养学生的良好道德品质，造就出一批批德智体素质全面的人才。冯以理先生不愧为体育教育工作者的楷模，开展校园足球的成功典范，为天津和国家足球事业的发展作出了杰出的可贵的贡献。

# 第十一节　左氏三兄弟

在天津体育界，总不免要提起享天津誉足坛的“左氏三兄弟”，他们是指左树起、左树声、左树发亲哥仨。他们的足球生涯是从河西区土城小学开始的。该校位居老城区、占地面积小，是一所“小小学”，但却有着两块大大的足球场，在外人看来与之体量“极不相称”。在百余年的办学历程中，同样坚守的还有它多年的足球传统。这里曾先后涌现出了沈福儒、左氏三兄弟、翟良田、沈奕等十多名国脚和足坛名将，是天津市小学中有国家级体育传统学校，被誉为“培养足球人才的摇篮”。绿茵球场上，他们兄弟三人精湛的球艺人们早都领略过了，然而左氏三兄弟的家庭情况却很少有人知晓。

左家有姐弟五人，在他们小的时候，家境不算富裕。全家都依靠在天津电焊条厂工作的父母工资来生活。左氏三兄弟小时就和足球结下了不解之缘。当他们看到别的孩子踢球时穿着漂亮的球鞋和运动衣时，也曾向父母要过，尽管当时全家工资收入不多，父母还是想法满足了孩子们的要求，给他们买了新球鞋。这么些年来不知他们踢坏了多少双球鞋，在电焊条厂工作的父亲风趣地说，当时还真想给他们焊双铁鞋让他们踢球呢。踢球活动量大，需要增加营养，平时父母宁可自己少吃些，也要让他们小哥仨吃饱。就这样省吃俭用，用自己的心血把他们哥仨养育成了足球健将。然而这些年，他们兄弟三人在孝敬父母方面都感到做得不够。

“顺从父母是儿子最大的快乐”，这是哥仨的心里话。1985年时，左树起担任天津二线队的主教练；左树声是国脚，名气如日中天；左树发是天津队的主将。然而无论他们多么事业有成，在家里、在父母面前，这哥仨都是听话的好儿子。左树起说：“我老爸脾气特别大，可是对我们哥仨，他再大的脾气也发不起来，因为我们做到了两个字——听话。”

大哥左树起曾在天津市体校担任足球教师，有时课程紧得一星期只能回一次家。老三左树发原在天津足球队，每天不是训练就是参加各级联赛，也是忙得很，很少顾家。在老人眼里最受宠的老二左树声，和老人聚会的机会也最少。左树声在国家足球队服役的七年时间里，不是出国参加比赛就是到外地集训，很少有时间回天津侍奉二老。但是使老人感到欣慰的是左树声贤惠的爱人、在房地局工作的小孟。和树声恋爱以来，她一有时间就来到左家，帮助老人料理家务，替树声尽了儿女孝心。老人逢人就夸树声的爱人好。左树声每次出国比赛或是国内联赛回来，都会带些特产，送到老人身边。

孩子有了精湛的球艺，也感染着他们的父母。只要有他们兄弟参加比赛的电视实况转播，父母都会不错过机会。球场上出现激烈争夺的镜头都使二位老人十分兴奋。当他们看到球员受伤后，也会像疼爱自己的孩子一样替球员们揪心。在他们看到自己的孩子为祖国争得了荣誉，捧起奖杯的激动人心的场面时，也会流出激动的泪水。

三兄弟中成就最大的当属左树声，他1958年生于天津，是天津足球最亮眼的球星之一，也是天津足球历史上的一面旗帜！他是天津队和中国国家队的队长，1976年入选国家青年队，翌年入选国家队；1980年天津队荣获全国甲级联赛冠军的主力；1982年第一届尼赫鲁金杯赛获最佳射手。1985年退出国家队后，他仍效力于天津队，在绿茵场上拼杀；1988年他加入荷兰甲级兹鲁瓦俱乐部踢球;1996—1997赛季曾任天津队的主教练。2008后任天津泰达康师傅队主教练，并带领球队获得2008年中国足球超级联赛第四名、取得参加亚冠的资格。左树声当年曾是天津队和国家队不可缺少的中场支柱,他凶猛的防守,硬朗的进攻,都令人津津乐道。他体能充沛,满场飞奔,活动范围大,射门威力大。他又能攻善守,是后卫前一道有力的屏障，而且他对足球有着强烈的追求，意志品质过硬，作风顽强，从不言败！其名言“男子汉就要踢足球”掷地有声，这就是左树声，一个在天津城市历史上响亮的名字！他1979年入选国家队，1981年出任国家队队长，经历了两届世界杯的冲击。1985年，曾雪麟教练辞职后，国家队解散,左树声含泪告别国家队。

2008年5月的一天，时隔多年后，左树声再次以教练的身份出现在天津的主场，主场球迷的热烈欢呼对于他来说是久违的熟悉。在家乡父老面前用一场酣畅淋漓的大胜，将球队送上积分榜榜首，左树声用漂亮的攻势足球带给天津球迷一份完美的“见面礼”。本场比赛，热情的天津球迷在看台上亲切地打出了“左二”的条幅，表达对左树声的想念，也表达了对他执教天津队的欢迎和期待。在赛前，左树生就曾坚定地表示这场比赛目标就是全取三分，因为面对成都谢菲联这支黑马球队，他和他的天津队必须在父老乡亲面前捍卫自己的荣誉。比赛结束后，成都主教练黎兵早早地来到发布会现场，等待发布会的开始。大约十几分钟后，天津队执行教练左树声才走进来。他首先过去与黎兵握了握手，对于自己的迟到表达了歉意，然后平静地在椅子上坐了下来。面对记者的提问，左树声冷静而且低调，他的回答和上一场比赛没有什么差别，他表示球队取胜在于队员的团结：我们这场比赛能够拿下来，关键在于球队的团结，我们是一个很有凝聚力的集体。不过球队现在还有很多问题，譬如把握门前战机的能力不够，在以后我们会跟队员更多的沟通，相信球队会不断地进步。当天的比赛，现场涌进了一万多名球迷，他们自始至终用最朴素的语言和行动支持天津队。这也让左树声非常感动，在发布会上，他专门对球迷表示了感谢，希望下个主场还能听到他们响彻云霄的助威声。

本书作者金彭育（左一）与左树声（居中）

但在2009赛季，经过混乱的一年后，左树声主动辞去主帅。而左树起和左树发，目前致力于天津足球后备力量的培养。在土城小学百年校庆的活动上，出自这所著名小学的沈福儒、翟良田、左树起、左树声、左树发、沈奕等津门足坛名宿都回到母校参加活动，沈福儒对作者说："土城小学前身是药王庙小学，我们这些人大多住在附近，'左氏三兄弟'的老宅现在成了新城小区的一幢楼了。"近年来又涌现出进入国家队、国青队、国少队的周麟、关振、毛彪、刘毅、穆玉潭等一批新秀，被誉为"培养足球人才的摇篮"，谱写了一部辉煌的学校足球运动发展史。回顾学校足球事业的发展过程，应该首先感谢各级政府和有关部门的关怀和大力支持。国家、市、区等各级领导对学校的足球发展极为重视，经常莅临学校视察和指导，这是学校足球事业蓬勃发展的源泉和根本保证。

# 第十二节　根伟的情怀

镜头一：2017年8月8日上午，第十三届全运会的火炬从天津民园广场开始传递。作为第三棒火炬手，昔日的“民园偶像”于根伟重回故地。对于经历过大风大浪的他，对参与火炬传递活动感到激动万分。于根伟是这次火炬传递的第三棒，前两棒都是在民园场内传递，他是第一个将火炬带出民园的火炬手。当于根伟从民园大门跑出，伴随着数千群众的欢呼声，于根伟手持火炬，缓缓跑步向前，脸上洋溢着幸福的微笑，无论是火炬传递这项荣誉十足的任务，还是重回民园故地的激动，都让这位足坛老将格外享受。短暂的传递结束了，于根伟的心情却久久不能平静。他直言，重回民园的感觉让他仿佛一下子记起了许多事情，而对于火炬传递，他这样说道：我经历了不少事情，但在家门口举办全运会，我还能担任火炬手，的确非常激动，这也是我一生中最难忘的时刻。

镜头二：2001年10月7日晚，中国足球队在沈阳五里河体育场凭借于根伟上半时第36分钟时的入球以1:0战胜阿曼队，提前两轮出线，进入世界杯决赛。此次出线圆了中国足球人44年的梦想。中国足球的辛酸成就了这一刻的伟大，中国球迷无数个日夜的守望铸就了这一刻的辉煌。华夏大地所有见证了这一刻的球迷，上演了一场只属于中国足球的激情夜。终场哨响的那一瞬间，五里河变成了一座爆发的火山。米卢和他的弟子们拉着国旗在场上快乐地飞奔，全场观众齐声高唱《歌唱祖国》。鞭炮、焰

于根伟

火在四面八方点燃起来，整座城市有如过年般热闹。此夜，沈阳城无人入睡。北京天安门广场鼓乐齐鸣，彩旗飞舞，继北京申奥成功后，再次成为欢乐的海洋。来自北大、清华的学生高举横幅，上写“中国队，今晚我要和你一起醉”。一位大学生挥舞着一面大旗，上面写着“中国足球腾飞！”引来人群阵阵喝彩声。天津民园体育场汇集了几千名各形各色的球迷，当来自天津的于根伟攻入制胜一球时，津门父老兴奋不已。当日22点，盛大的游行在天津市中心展开，沿途不断有高举着国旗或各色彩旗的球迷加入进来，游行的队伍在不断壮大。在队伍的最前端，三名球迷站在一辆蓝色汽车的车顶上，狂舞国旗。来往车辆都喇叭长鸣，每当有同样装扮的球迷交错而过的时候，双方都会像当年红军会师那样鼓掌欢呼。对，就是他，于根伟！在还没有进入国家队的时候，他们就是在“民园体育场”成长起来的。

于根伟1974年1月出生于天津，1989—1990年在天津市体校开始足球生涯。于根伟在家是个孝子，对老人很好，他从小在体校就懂得给父母省钱，只吃个半饱。在体校的李振民教练对他很好，在生活上也很照顾他。于根伟成名后对待李老师如同生父，李老师病重，于根伟一直守在病榻前，伺候老人，直到老人离世……他1991—1992年在中国少年队；1992—

1993年在中国青年队；1993年进入天津足球队；1994年入选戚务生执教的国奥队，出任前卫，此后多次入选国家队。

于根伟对家乡天津的感情从未改变。中国足球联赛刚刚职业化的时候，天津的俱乐部还很穷，至少和很多南方球队在待遇上无法相比。于根伟少年成名，所以免不了受到其他俱乐部的追捧。曾经有一家在当时财大气粗的南方俱乐部想挖于根伟过去，他们开出了比天津队优厚很多的条件，然而于根伟并不为之所动。他曾经说过的很有名的一句话：要么出国踢，在国内，只会留在天津队，决不转会到其他国内俱乐部。外地的或者不喜欢足球的朋友，或许会有人听说过于根伟的名字，却并不了解他，其实在天津球迷眼中，他是城市英雄。于根伟之于天津队，非常重要。虽然天津队成绩并不稳定，甚至曾经在1997赛季掉级，但这并非于根伟一个人能左右的。天津队再次升入甲A，于根伟也已从一名新人逐渐成长为队里的核心乃至灵魂。天津球迷对于根伟的感情，可谓如同亲人。于根伟有腿伤，球迷为此曾经在民园体育场打出横幅“根伟治好你的腿”，那一幕至今让人难忘。在主场观看天津队比赛的时候，一旦僵局无法打破，许许多多球迷就会一次次高喊“根伟，进一个”。而被他们寄予众望的于根伟也并没有让他们失望，他总是用完美的破门回报着球迷的热爱。作为国家队的影子杀手，从技术的层面考虑，于根伟并非传统意义上的前锋。他的位置介于前锋和中场的结合部，就是通常所说的“9号半”。

对于根伟在国足征程里的追溯，需要配合国足冲击世界杯的历史来讲。1997年，戚务生征召于根伟入队，由于在主场对沙特一战中被对方砸伤腿部，导致旧伤复发，最终无法继续比赛。是金子总要闪光，2004年阿里·汉在对香港队一战前再次征召于根伟入队。但阿里·汉对于根伟并不了解，也并没安排他首发。即便如此，替补出场的于根伟仍旧打入一球。

尽管最后中国队还是遭到淘汰，但相信每个看过比赛的人都知道他尽力了。在2005年4月9日对国际的客场比赛中，行将进入补时，落后一球并被罚下一人的天津队竟不可思议地扳平——于根伟用招牌式的进球宣告了杀手的回归。足球比赛的吸引人之处在于它的不可预见性，刚进入补时，国际队便利用点球反超。在几乎所有人都认为大局已定的时候，真正的奇迹出现了:在比赛还剩几十秒的时候，于根伟在禁区右侧接队友传球，一记大力抽射，皮球沿着仿佛预先设计好的完美弧线冲入国际队球门。这,便是“于根伟时刻”的诞生。更具意义的是,这是于根伟代表天津队参加正式比赛打入的第一百粒进球。像这样的时刻在天津的球迷心中还有很多很多,大多数印象的都来源于这个叫于根伟的天津球员,他飘忽的跑位、娴熟的技术，一次次带球撕开对手密集防守的防线，凭借一人之力连过数人之后，将球打入球门死角，剩下的，只有天津队员的欢呼以及对手门将的无奈。有人曾经说于根伟是“玻璃美人”,就是容易受伤。其实于根伟的伤，始于在国奥队时对朝鲜队比赛，那次是严重受伤，以后的伤不过是那次的延续以及加重。而且他每入选国足一次,伤就要更重一次。给于根伟治腿的乌拉圭大夫说,他腿的磨损程度远超他的实际年龄。

2006年春节期间，于根伟正式宣布退役，成为中国足球史上为数不多的整个足球生涯都在为一支球队效力的球员。2007赛季，于根伟正式加入天津泰达足球俱乐部教练组，成为教练组成员。2008—2009赛季任天津泰达队助理教练。从1993年进入天津队开始，直到2006年初宣布退役，于根伟始终是球队的灵魂人物。十三载岁月一晃而过，根伟伴随天津足球经历了从低谷到辉煌。他自己也几经沉浮，为天津足球和中国足球书写下了一段传奇的历史。

## 第十三节　邵庚的那场球

1996年6月16日，天津三星队在民园体育场1:0战胜广州松日队。留给大家印象最为深刻的不是胜利的比分，而是边后卫邵庚“过五关斩六将”的“神来之脚”。比赛中邵庚中场得球后，接连左冲右突，在过了对方四名球员的防守后，又用左脚的变线使对方18号失去重心，在小禁区外面对松日队门将，左脚推射，将球打进松日队大门的左下角。前后一气呵成，多年后央视“足球之夜”回顾联赛最佳进球，此球排名位列前三名。一直到今天，天津球迷笑称这个进球简直可以和马拉多纳的世界杯进球相媲美。

邵庚

邵庚1972年生于天津，从小就喜爱体育活动。天津市第十三中学是足球重点校，他是足球校队队员，后到河西体校进行足球训练。1985年底，八一队、北京部队队到天津选小队员，选上了邵庚。1986年初，邵庚在部队开始了足球生涯。后进入八一队。1994年，邵庚经裴恩才、张业福两位指导的推荐，准备进入北京部队队（下文简称“北部”）。因为那一年他们带领的首钢队冲进甲B后两位教练要去北部带队。裴指导想让邵庚来北部踢球，可是到了北部之后，裴指导离开了，主教练换了人，所以在北部待了不长时间，邵庚就离开了。裴指导就给蔺新江指导打了电话，就这样，邵庚回到了家乡天津。多年在八一队和北京部队队踢球回到天津后，对于环境，邵庚感到有些陌生。第一次去民园体育场报到，邵庚都不知道怎么走。来到民园，邵庚碰到了何竞处长，可邵庚也不认识他，就问：“大哥，天津队宿舍怎么走？”何处指给邵庚，来到宿舍邵庚才和蔺指导见了面，邵庚算是正式来天津队报到了。后来邵庚才知道，那个被邵庚喊“大哥”，给他指路的何竞是天津队的领队。

1995年，作为职业联赛以来天津队引进的第一名内援，邵庚很快就凭借出色的表现得到了各方面的认可。在1995年和1996年的联赛中，邵庚屡屡在关键比赛打进关键进球，为天津队保级作出了贡献。但从1998年后，邵庚就很少有上场机会了。2000年，邵庚先后转会到过武汉队和厦门队，2003年在厦门队退役。离开了心爱的足球之后，邵庚选择了下海经商。不过对于邵庚来说，足球与民园体育场的情结一直萦绕在心头，挥之不去。2008年，他应聘到民园体育场，进入业务科工作。这一干就是六年，直到2012年民园体育场进行改造，成为新的民园广场。后来，邵庚作为“天津体育博物馆”的工作人员忙碌着，工作地点就在天津民园广场，他每天见到的，依然是民园足球场上的一片绿茵。

# 第十四节　张效瑞与“润宇隆”

张效瑞

张效瑞，天津人，生于1976年。张效瑞于1985—1990年在天津市体校足球队；1990—1993年在天津市体工大队；1993—1997年在中国健力宝足球队，曾赴巴西训练。1996年底，戚务生率领的国家队被沙特阿拉伯队淘汰出亚洲杯。就在一片悲观与失望声中，张效瑞与李金羽、隋东亮等提前从巴西回到国内，为的是在中国国家队内形成一种竞争效应。他们的到来，给中国足球吹进了一股清新的风，人们被他们学自巴西的球技所折服，因此送给了他们“四小天鹅”的雅号。这四个人中，全国很多人非常喜欢张效瑞。他轻巧的带球突破、灵动的跑位扯动，以及种种出人意料的即兴发挥，都让中国球迷有一种眼前一亮的感觉。桑巴味极浓的技术动作的观赏性相当强，能控、能突、能传、能射的张效瑞被圈内外看作是中国足坛不可多得的人才。即便是在足球王国巴西，张效瑞的天赋也让很多巴西教练和球员震惊。后来，一些巴西俱乐部直接找到朱广沪，希望签下张效瑞为他们效力。朱广沪表示无能为力，因为这不被当时的政策所容许。

张效瑞1997—1998年加入中国国家足球队；1998—1999年在中国国家奥林匹克足球队、天津泰达足球队。在国奥队效力期间，张效瑞受了一次伤，脚踝处有一块游离骨。他从1999—2000年、2002—2004年在天津泰达足球队，当时都是在天津民园体育场训练、比赛的。2001年，张效瑞租借到德国乙级亚琛足球俱乐部，其间，张效瑞进行了手术治疗并彻底痊愈。但是，伤病耗费了张效瑞大把的美好时光。2005赛季在上海中邦足球队效力，任场上队长，张效瑞以一记漂亮的直接任意球打进上海中邦队，升上中超联赛的第一球。2006赛季，张效瑞在上海联城足球队效力。

2008年4月29日，天津松江足球俱乐部召开新闻发布会，张效瑞正式签约，任2008赛季天津松江队主教练，带领球队征战2008年全国乙级联赛。2010年3月10日，天津松江足球俱乐部宣布解除原球队主帅张效瑞的职务，同时聘请比利时人德维尔德为球队主帅。新赛季球队的目标将瞄准冲入中甲联赛。

2010年11月，张效瑞担任天津润宇隆足球俱乐部总经理。润宇隆足球俱乐部是天津市的一家职业足球俱乐部，2010年11月8日正式成立，由天津润宇隆体育产业投资有限公司与天津市体育局共同组建，张效瑞担任总经理，备战2011年的中乙联赛。2011年初，该俱乐部购入安徽九方队的中甲资格，主场设在民园体育场。该队联赛开局踢得不错，可惜高开低走，不久遭遇两连败，又爆出球员罢训事件。俱乐部也面临经济危机，不仅拖欠安徽九方540万元的转让费，队内的工资和奖金也拖欠严重，除了外援拿到了两个月的薪水外，其余球员包括教练组四个月内没有领过工资。已经征战完的六场中甲联赛的球队仅仅发到了首场比赛奖金。各种不利因素导致的负面情绪终于爆发。自爆发经济危机后，润宇隆俱乐部一直在寻找新的投资方，后与沈阳买家达成了交易的意向。此后，由于天津润宇隆俱乐部内部原因，球队在2011赛季中期难以再继续正常参加联赛，俱乐部转卖给了沈阳星冠体育文化发展有限公司。2011年7月18日，润宇隆俱乐部正式更名沈阳沈北足球俱乐部。

2011年7月12日，空降中甲联赛仅仅半年的天津润宇隆足球队在津门上演了绝唱——与北京八喜比赛当天，润宇隆俱乐部正式签署了转卖球队的协议。中甲润宇隆悄然成为过去。

2012年1月，张效瑞正式出任泰达俱乐部U19梯队主教练。2015年3月，西乙B级联赛（西班牙第三级联赛）的干昆斯俱乐部在官网上宣布，前中国国脚张效瑞进入该队的教练组。2016年5月，张效瑞加入天津权健足球队教练组，辅佐主帅卢森博格；2016年6月9日，担任天津权健足球队领队。

# 第十五节　白队省亲聚津门

2007年9月的天津，金风送爽，暑威尽退。在承办女足世界杯盛会的欢快时刻，天津足坛又将迎来原国家白队莅津50周年庆祝活动。如今已经步入古稀之年的足坛宿将，第六次聚首津门，表述他们怀念的乡情和眷恋的亲情。从1987年至2007年，在天津有关方面的关怀支持下，白队老将已经是六次回津省亲欢聚了。

20世纪50年代中期，国家体委在全国精选足球人才，组建了国家红队和白队。此后经过调整，白队面临解散。在邓小平、贺龙同志的亲自关怀、指示下，应天津市领导人的请求，白队于1957年春夏之交落户津门。来自延边的金昌吉、崔泰焕，辽宁的孙元云，北京的刘荫培、李元魁，天津的王金丰，上海的陈山虎、袁道伦、张水浩，广东的苏永舜、曾雪麟、邓雪昌、任文根，四川的严德俊等14位年轻骁将，在领队王伯青、教练邵先凯的率领下，开始了在天津铸造辉煌的足球生涯。

时光飞逝掠过整整半个世纪。天津市体育局、市足协和足球界人士永远不忘白队落户天津创下的业绩。退役后的白队队员各奔东西，又继续从事他们钟爱的足球事业。这次再聚津门，除了相继过世的王伯青、金昌吉、刘荫培、袁道伦、任文根和崔泰焕外，包括远在加拿大的苏永舜都来了。同时，本次活动特邀原国家红队等宿将，史万春、年维泗、陈成达、张俊秀、杨秀武、孙宝荣、韩重德，以及高丰文、戚务生、金志扬、容志行、盖增圣，出席盛会。

大家忘不了三年前2004年11月底，在天津先达大酒店的团聚。那天下午，外面寒气逼人，室内却温暖如春。重回津门的国家白队元老和天津市的球迷代表进行了座谈，将白队回津再聚首的活动推向了高潮。白队的元老们亲切地称这次来天津是回家省亲，47年前，这些热血青年在这里洒下汗水，为天津足球铸就了一段辉煌。47年后，已步入晚年的他们希望重归“故里”，再续难解的足球情缘。由于当时白队是由各地优秀青年足球运动员集结在津组成的，因此球队解散后不少人相继远走他乡甚至旅居海外，这为本次重逢增添了难度。不过一听说是白队的聚会，老队友们纷纷奔走相告。在白队老后卫严德俊的积极策划下，短短几天时间内大家纷纷响应，邵先凯、曾雪麟、王金丰、崔泰焕、孙元云、陈山虎、张水浩等，甚至移居加拿大的苏永舜、移居日本的邓雪昌以及家住中国香港的任文根都专程赶来参加。为了迎接这次欢乐的会聚，天津体育界、足球界的众多人士都来到座谈会现场，以表示对这些元老的崇敬之情。时任天津市副市长孙海麟、天津市足协名誉主席王德惠、老同志石坚，以及沈福儒、蔺新江、宋恩牧等诸多津门足坛名宿到会。

从1957年白队落户津门，到1961年队员们相继离津，短短四年间白队不仅为天津捧得了全国联赛和全国锦标赛的“双冠王”，还为天津足球打下了深厚的足球底蕴，并一直延续至今。作为白队中唯一的一名天津籍球员，已经年过古稀的王金丰在会上感慨道：“天津足球拥有非常好的基础和环境，这种底蕴就是在白队落户天津时留下的。”原中国足协副主席、亚足联理事陈成达在谈到白队时说：“白队就是当时中国足球团结进取的一个缩影。之所以在20世纪五六十年代搞足球的人如此敬业和富有进取心，就是因为当时所有人都全身心投入，没有其他杂念。”

2005年底，老白队队员又回津省亲。当时，当年的14名队员中，金昌吉早已回归自己的祖国朝鲜，袁道伦因病去世，苏永舜成为加拿大籍华人，曾雪麟远居深圳，严德俊、邓雪昌、崔泰焕落户津门……健在的中国白队队员们已经都是年过古稀的老人，老大哥曾雪麟已经77岁。然而，这些在天津度过青春年华的国家白队队员们，永远对津门热土怀着深切的感情，只要有国家白队队员在津门重聚的机会，他们即使天各一方，却一定应约而至。

国家白队1957年来天津，当年就披上天津队战袍参加全国甲级联赛，对这支并不是由家乡子弟组成的队伍，天津球迷虽然起初有陌生感，但是随着一场场胜利，天津球迷在欣喜之中，开始与这些来自山南海北的天津队队员熟识、贴近。严德俊说："由我们白队队员组成的天津队，第一场比赛是同武汉队交手，那时的武汉队是国内强队，有袁吉发、秦维豹、张英忠三名国家队员，看台上的观众不少，天津队2∶0取胜之后，天津的球迷才知道我们这些白队队员是不会辱没天津队名声的。让天津球迷引以为豪的是，我们在1959年4月与苏联甲级联赛第三名泽尼特队的比赛。和天津队比赛之前，泽尼特队访华的几场比赛全部获胜，而就是我们这些白队队员组成的天津队与他们1∶1战成了平手。从此，我们这些白队队员才被天津球迷接受，把我们看作天津人。"

一年、一年、一年，将近50年，弹指一挥间。现在，当看到这些年近古稀的中国白队队员们，你还能想到他们当年的风采，当年的潇洒和热火般的作为吗?津门球迷大多还记得中国白队的陈山虎，这个来自上海的前锋，以灵巧、快速、善射赢得广泛赞扬。他在锋线与袁道伦的配合，经常在一切一传、一突一射之中成功破门，给球迷留下深刻印象。最近一次中国白队队员在天津的聚会中，陈山虎对严德俊说："我对天津有很深的感

情,成都道的绿荫、大理道的幽静都是当年我喜欢的地方。我时常去练球的昆明路训练场,现在已经盖起奥林匹克大厦。这些地方我至今留恋,我还时常想起民园体育场的观众们给我们助威的呼喊, 好难忘啊!天津真好,天津球迷真好!”

# 第九章　民园风景线

CENTURY OF MINYUAN

# 第一节　首任老场长傅镜如

傅镜如（1896—1962），吉林长春人，资深体育工作者。他历任体育教师、教导主任、校长、民园体育场、河东体育场、北站体育场场长。傅镜如身为天津体协执委，终身为学校与社会体育默默贡献，在体育界享有良好声誉。

傅镜如1919年就读于北京高等体育专科学校，后转入赫赫有名的北京师范大学深造，毕业后在山西商专、吉林师范学校任体育教师、主任，在山西省立国民师范学校教导主任、校长等职，全面掌握体育专业理论知识和丰富的实践经验。

1919年，傅镜如应当时的天津市市长崔廷献之邀，来到天津任公共体育场场长，并被推选为天津市体育协进会执行委员。他积极倡导游泳、田径等青少年健康体育活动，使全市各项体育比赛蓬勃开展。1934年，傅镜如调任天津市体育局督学，是当时天津市政府主管体育的官员，负责视察、监督学校体育工作，他认真执行中小学体育课标准。同年，天津市体育委员会成立，傅镜如被推荐为委员，对天津中小学体育运动的开展作出了很大贡献。当时，天津租界遍布，商船来往频繁，租界的外国人、外轮水手以及驻扎在兵营里的外国军队经常举行足球赛，有“万国杯”“爱罗鼎杯”等。其中，“爱罗鼎杯”是当时级别较高的比赛，参赛的都是外国人组织的足球队。那时，中国人踢足球在外国人眼里是被嘲笑、戏谑的对象。中国人是不甘被人蔑视的，虽然当时天津租界遍布，但却有北洋大学、南开学校、新学书院这样一些全国闻名的学府，给天津带来了新思想、新观念、新潮流，足球运动也顺势随潮地兴起了。20世纪二三十年代，傅镜如在当地中小学中推广英式小足球，天津、上海、杭州的小足球得到了普及，培养了一批体育苗子和人才。20世纪30年代，在天津流传着一个“传奇”故事：天津中华足球队大胜外国足球队，打破了洋人足球队不可战胜的“神话”。这支足球队的领队就是当时风华正茂的傅镜如。天津最早的一支足球队名叫“辫子足球队”，从名字上就可以想象到一群男子汉甩着辫子踢足球的场面。经过漫长的发展，天津终于有了一支像样儿的足球队，名称也从落后、愚昧的“辫子”到振奋人心的“中华”。1934年，中国百年奥运的倡导者、南开大学创始人、天津现代足球的奠基人张伯苓先生，力荐傅镜如出任中华足球队的领队。中华足球队以北宁队和南开学校队为主体，吸纳了其他球队的优秀选手，全部由华人组成，成为当时代表天津足球最高水平的一个团队。1935年，经过整合后，中华足球队首次参加了“爱罗鼎杯”足球赛，一举夺得冠军，灭了外国人不可一世的傲气，也成了当时轰动津门的头条新闻。夺冠次日，张伯苓亲自在天津登瀛楼饭庄宴请中华队全体队员。

1908年，当时天津的杂志《天兵青年》曾向国人提出过3个奥运世纪之问：中国何时能派一名选手参加奥运会？中国何时能派一支队伍参加奥运会？中国何时能举办奥运会？从1908年到2008年，中国终于实现了奥运梦想。但在1936年，中国现代体育的奠基者们仍处在“路漫漫其修远兮，吾将上下而求索”的状态。

历史会永远记住1932年。刘长春是中国首位参加奥运会的人。而4年之后的1936年6月23日，中国组织了114人的代表团，第二次参加了在德国柏林举办的第十一届夏季奥运会。代表团中还有由37人组成的访欧考察团，团长是黄守义，有11人是教育部保送的，其中就有傅镜如。他是受天津市政府和教育部委派，赴意大利、丹麦、匈牙利、捷克、瑞典等欧洲九国考察，并在德国柏林观摩了第十一届夏季奥运会。考察团对欧洲各国的体育师资训练、体育行政、学校体育、社会体育、青年训练、古代体育遗迹等方面进行了细致地调查学习。他们看到了先进的体育设施，很多项目的比赛技战术和当时国内打法不同；看见现代足球在欧洲的蓬勃发展，了解了现代足球运动在体育项目中的位置，接触到了欧洲的职业足球。然而，由于时局动荡、国力衰弱，当时的中国无法效仿欧洲现代足球运动的先进潮流，能做的只是把一支足球队搞好，给灾难深重的中国带来一抹希望的曙光。当年的中国体育代表团在第十一届奥运会上没能获得奖牌，但是这次出访已将中国带入了更为广阔的世界竞技场。

中华人民共和国成立后，傅镜如历任民园体育场、河东体育场、北站体育场负责人。民园体育场是天津的一个体育品牌。现在的天津人很喜欢体育运动，特别是足球，这与傅镜如先生当初的倡导和努力是分不开的。傅镜如的次子傅国安曾经也是一名热血青年。1956年新疆交通厅在天津招人时，他应招到了巴州，先是在巴州运输公司，后调到库尔勒石油物探处，一直工作到去世。傅国安的妻子张玉儒说，傅国安生前十分喜爱体育运动，喜欢足球，也喜欢篮球、游泳、自行车等。受丈夫的影响，她也热爱上了体育，还是原巴州篮球队的成员之一，曾参加过全疆篮球巡回比赛。傅镜如育有五子二女，长子傅国盛热心体育事业，其子傅炜在澳大利亚创办了永良国际有限公司，致力于中国与澳大利亚的文化和体育交流；三子傅国元先是跳伞运动员，后成了国家一级足球裁判，其子傅璐现为上海体育学院网球教练；二女儿傅萍是天津市第五十三中体育教师，其女霍焰为南开大学体育教师。“我喜欢徒步、爬山等户外运动。”傅镜如的孙女傅晴说，她从库尔勒市领先广场可以徒步走到铁门关，中途不用歇息。长期的锻炼也使她保持了较好的体形和充沛的精力。傅晴小时候排球打得好，曾到巴州体校学习，但因父亲病重没有接受系统的训练。杨凯淳，傅晴的女儿，受母亲的影响也热衷于户外运动。傅晴还说：“其实我大伯、三叔才真正秉承了爷爷的体育精神。”其实，在傅晴的身上也传承了傅镜如那种敢于挑战艰险的体育精神。她在单位里组织的户外拓展训练中，曾一口气攀上9米高的柱子，并高空腾跃，空手攀住对面的软梯，令同伴羡慕不已。“放眼世界、虚心求教、强我中华。”傅国元说，这是傅镜如当年的壮志，也影响了一代人投身于国家的体育事业中。受父亲的影响，他们家也成了体育世家。

# 第二节　民园拾零

民园街道，1952年属五区，为黄家花园、常德道、汉阳道、土山花园、复兴公园等街公所。1955年5月，街公所更名为街道办事处。1956年属新华区，6月调整为黄家花园、常德道、汉阳道等街道。1958年8月调整为体育馆街道、民园街道，9月改属和平区。1962年10月，恢复为民园、体育馆两个街道。1996年，民园街办事处驻成都道36号，辖临园里25个居委会。1998年10月，民园街道的全部和体育馆街道的贵州路以东部分组成新的体育馆街道。民园街道遂进入历史。

民园西里，始建于1939年，位于民园体育场西侧的常德道上，由近代著名建筑设计师沈理源设计，两层砖木结构，局部三层。分为17个门，各门自成院落又连成一体，多坡大筒瓦屋顶，琉缸砖。各单元成“凹”字形排列，突出部分为屋顶露台，入口设在凹字部分。室内采用木地板、木门窗。院墙采用墙垛砌筑，用材与建筑一致，形成统一风格；院门采用深色金属门，与整体色彩搭配和谐。2009年5月，经过精心整理修复的民园西里，作为五大道上的文化艺术街区正式对社会开放。

大理道民园东里为一般保护等级历史风貌建筑，不可移动文物点。民园东里建于1927年，由两幢建筑组成，为三层砖木结构联排式住宅，外檐为红砖清水墙，每个单元入口门头用水泥砂浆抹灰装饰，坡屋顶，平板瓦屋面。

民园大楼，位于和平区重庆道66—68号，重点保护等级历史风貌建筑，现为居住、商业用房。该建筑建于1937年，占地面积约2800平方米，建筑面积约7400平方米，由奥地利建筑师盖苓设计，因邻近民园体育场故命名为民园大楼。该建筑为四层混合结构平屋顶公寓建筑，建筑形象简约大方，比例协调，富有变化。建筑色彩以白色混水墙为主，在部分窗间墙处点缀清水硫缸砖墙面。建筑平面按照新的生活方式布局，即每层以楼梯间为中心布置四组不同面积的居住单元，每个居住单元以起居室为中心，布置卧室、儿童房、用人房、厨房、餐室及卫生间。这种布局与现在的居住建筑基本一致，与传统的中国及西洋住宅均有差异。该建筑呈现典型的现代建筑特征。

# 第三节 民园马拉松赛

马拉松是国际上非常普及的长跑比赛项目，全程距离26英里385码，折合为42.195千米，分全程马拉松、半程马拉松和四分之一马拉松三种。以全程马拉松比赛最为普及，一般提及马拉松，即指全程马拉松。马拉松原为希腊的一个地名。该地位于雅典东北30千米，其名源出腓尼基语意即“多茴香的”，因古代此地生长众多茴香树而得名。体育运动中的马拉松赛跑就得名于此。希腊波斯战争（公元前492—前449年）中，公元前490年，波斯王大流士一世渡海西侵，进击阿蒂卡，在距雅典城东北的马拉松海湾登陆。雅典军奋勇应战，在马拉松平原打败波斯军队，此战史称马拉松之战。为了把胜利消息迅速告诉雅典人，希腊派遣长跑优胜者斐迪庇得斯从马拉松跑至雅典中央广场（全程42.195千米）。在传达胜利的消息后，他体力衰竭倒地而亡，其奇迹光荣的功绩而成为希腊的民族英雄。

希波战争持续了将近半个世纪。马拉松战役是希腊人和波斯人交锋的第一仗，这场战役极大地鼓舞了希腊人为自由和独立而战的斗志。为了纪念这场战役的胜利和表彰尽职尽力的英雄斐里庇得斯的功绩，1896年，雅典人在第一届奥林匹克运动会上，规定了一个新的竞赛项目——马拉松赛跑。距离是马拉松至雅典的距离，根据当年斐里庇得斯经过的路线确定为全程40.2千米。1920年，经过仔细测定又把距离改为42.195千米。斐里庇得斯的名字和马拉松战役将随着奥林匹克运动会的圣火一代

天津民园马拉松赛

又一代地留存在人间。

20世纪80年代，很多天津人对民园体育场的印象源于一年一度的NEC国际马拉松赛。民园作为全程起点，NEC马拉松赛一共在那里举办了15届，所以这差不多成为很多和平区长大的孩子的共同记忆。我们回顾天津马拉松过去，辉煌的马拉松比赛是天津人的骄傲！

20世纪50年代末期和20世纪90年代初期天津田径运动有过辉煌。天津马拉松也有过辉煌的一页，海河儿女值得为此骄傲！天津市男子马拉松纪录是1993年4月在天津举行全国第七届全运会马拉松赛上由天津籍运动员吴奕旻创造的2小时13分27秒；天津市女子马拉松纪录是天津籍女运动员刘晓梅保持的2小时47分12秒。天津市马拉松成绩的回顾是对每个跑者的激励！20世纪90年代的天津市曾有一大批中长跑、马拉松运

马拉松赛

动员达到国家级运动健将和国际运动健将标准。我们期盼着天津马拉松再次腾飞!

天津马拉松从1981年开始! 1981年第一届“飞凤杯”国际马拉松赛在天津举行。

1982年10月10日在天津民园体育场举行“人民友谊之路”国际马拉松邀请赛,有中国、联邦德国、法国、瑞士、奥地利、意大利、荷兰七国参加。

1983年10月在天津民园体育场举行“人民友谊之路”国际邀请赛。

1984年10月在天津民园体育场举行第四届“飞凤杯”国际马拉松赛。

1985年10月22日—10月29日在天津民园体育场举行天津国际马拉松赛,丹麦、菲律宾、美国等参加了比赛。

1987年3月29日第六届全运会马拉松赛在天津举行。22个省市200多名运动员参赛.

1988年4月3日在天津市民园体育场举行第一届“NEC”杯国际马拉松邀请赛,26个单位参加。

1989年4月9日在天津市民园体育场举行第二届“NEC”杯国际邀请赛,联邦德国、日本等12个国家的单位参加。

1990年4月6日—4月9日在天津民园体育场举行第三届“NEC”杯国际马拉松邀请赛,日本“NEC”公司队、哥伦比亚队、北京、天津、唐山、大庆、江西、无锡、扬州、浙江等队参加了比赛。

1992年4月在天津民园体育场举行第五届“NEC”杯暨全国马拉松锦标赛。

1993年4月在天津民园体育场举行了第七届全运会马拉松赛和第六届“NEC”杯马拉松赛。

1994—1999年在天津民园体育场又连续6届“NEC”杯马拉松赛。

1999年以后也举行了几届天津国际马拉松赛。

2012年5月在天津市武清区举办了第一届武清开发区杯国际马拉松赛。

2013年5月在天津市武清区举办了第二届武清开发区杯国际马拉松赛。

2014年10月25日在天津市武清区举办了第三届武清开发区国际马拉松赛。

2015年9月13日在天津市武清区举办第四届武清开发区国际马拉松赛。

2016年5月17日在天津市武清区举办了第五届武清开发区国际马拉松赛。

2017年4月29日天津国际马拉松赛与第十三届全运会马拉松赛合并举行。

2018年10月21日上午，2018天津（武清）马拉松赛在武清区鸣枪开赛，共有来自10个国家和全国28个省市（地区）的8996名选手同场竞技。

2019年4月13日上午，全国第十届残运会暨第七届特奥会田径马拉松比赛·2019天津（武清）马拉松赛在武清成功举办，为广大观众和体育爱好者呈现了一场精彩纷呈的马拉松盛会。

2017年金秋的一天上午，中央电视台体育频道直播着天津武清开发区杯国际马拉松赛，34年前参赛的情形如同电影回放一样，又浮现在了王植模老人的脑海里。“1982年8月，我从广播电视大学毕业，被分配到电缆厂检验科，坚持每天跑步上下班，早晨还在厂区跑一个多小时。那时企业也签到考勤，我记得最早的一天是4时45分就到厂了。”王植模老人说，到外地出差，他也不忘跑步锻炼，北京、上海、唐山等地都曾留下过他的足迹。每周二公休，他会沿着152路公交车的线路从家门口一直跑到杨柳青，全程往返26千米。有耕耘就有收获，经过半年多的跑步练习，王植模的体能有了长足的进步。1983年10月23日上午8时，王植模如期参加“第二届天津国际马拉松人民友谊之跑”。“赛前，电缆总厂大门口就贴出了我即将参加马拉松比赛的宣传海报。当时天津国际马拉松赛从民园体育场发令，到杨柳青后再返回民园。当我跑到密云路与黄河道交口时，看见了同事带着电缆厂幼儿园的孩子来为我加油，我5岁的女儿也在其中，厂工会还派出两名摄影人员，为我拍摄了照片。”王植模说，“从杨柳青折返点到红旗路与长江道交口时，我一路跑得都挺不错。但过了一会儿，就感觉不对劲了，心脏跳动加速，两条腿不听使唤，只是机械式地摆动。当时，我知道不能停下来。从38千米处，我开始跑走结合，在沿途群众的热情鼓励和加油声中，我咬紧牙关坚持跑到了终点，获得3小时37分35秒的成绩，达到了国家马拉松三级运动员的水平。”

后来，王植模又参加过一届天津国际马拉松赛和两届万米长跑赛。老人至今还保留着当年参赛的“成绩证明书”“运动员技术等级成绩证明单”、运动背心竞赛标志和纪念徽章。34年弹指一挥间，如今每届天津国际马拉松赛时，老人都会睹物思旧，往事历历在目。随着年龄的逐步增长，老人的运动爱好也从长跑转向了骑行，他曾从唐山世界园艺博览会骑游回津。“我深知今日的健康得益于长跑运动，马拉松也培养了我坚毅的性格。”

# 第四节　绿茵场上的摇滚

进入21世纪，在民园体育场举行的体育比赛日渐稀少，民园体育场作为商业演出场所，继续活跃在天津市民的文化娱乐生活中。作为天津第一个户外的大型演出场所，民园体育场几乎承办了早年间的所有大型演唱会。只要是从那个时代过来的天津人，对在民园看露天演唱会都留有特别的感觉和深刻的印象。虽然当时的演出市场远不如现在发达，但民园却举行过七场大型演唱会，给大家留下了难忘的印象。

第一场在1998年10月18日，民园体育场举行了天津的第一场港台歌星演唱会——周华健个人演唱会。当时的演出布景很简单，舞台都是搭在场地中央，没有大屏幕，没有各种灯光，有点像现在的摇滚音乐节。那是天津最早的港台歌手的演唱会，从此开启了天津演出市场繁荣的大门。这场演唱会的商业运作也很成功，至今仍是业内人士参考的范例。周华健于1960年生于中国香港，祖籍广东汕头，中国台湾著名创作歌手、音乐人。他于1979年赴中国台湾求学，1986年加盟滚石唱片公司，逐渐成长为中国台湾及亚洲华语流行乐坛的天王巨星，至今已发行音乐专辑逾四十张，累计销量过数千万。出道初期，周华健因其阳光、健康、积极向上的形象及曲风，被称作“阳光游子”；后因其实力的唱功和天王般的人气而获得“国民歌王”“天王杀手”之美誉，是20世纪90年代最具影响力的华人歌手之一。这次演唱会从当晚20点到23点多，共演唱歌曲四十多首，受到大家的热烈欢迎。

第二场是在2000年7月16日，任贤齐在民园体育场开演唱会，那天下大暴雨，大伙几乎也是“游”过去的！原本认为会因大雨影响上座的小齐看到现场爆棚的场景情绪高涨，演出效果十分震撼。从此，民园便成了天津演出的“风水宝地”，大型演出接连不断。“任贤齐2000年天津个唱”，证明了天津在流行音乐市场的商业价值，流行音乐商业演出模式也被成功尝试。时至今日，几乎所有华语歌坛巨星都在天津完成自己的演出。在某种程度上，小齐个唱开启了新世纪天津流行音乐演唱会的序幕。

第三场是在2001年8月26日，齐秦与林忆莲、陈小春、周蕙在天津民园体育场举办“群星灿烂世纪行”大型演唱会。虽然那场演唱会的主角是齐秦，但是林忆莲的出场颇为耀眼，那是她第一次来天津。她演唱的《爱上一个不回家的人》《不必在乎是谁》《当爱已成往事》《铿锵玫瑰》《夜太黑》《听说爱情回来过》《伤痕》等歌曲都曾被广为传唱。演唱会上出场的歌星既有中青年观众喜欢的齐秦，也有青少年歌迷喜爱的周蕙。齐秦曾于前一年在天津体育中心举行过演唱会，成为天津流行乐坛的一大盛事。人们对齐秦的喜欢，源于他曲折的人生经历和富有传奇色彩的爱情故事，也源于他充满美感的演唱，他演唱的《狼》《大约在冬季》《我拿什么爱你》都早已是歌坛广为传唱的杰作。而年轻的周蕙一出道就以其美妙音色征服了人们的耳朵，音乐界对周蕙的演唱也给予充分肯定。演唱会上，陈小春的出场也给观众带来惊喜。他曾在电视剧《鹿鼎记》中饰演韦小宝，给人们留下了深刻印象。在演戏的同时，陈小春还是一位相当优秀的歌手，他演唱的《万万没想到》《抱歉让你爱上我》也在歌迷中拥有较高的传唱度。

第四场是2002年6月1日，在“歌神乡情”演唱会上，观众看到了一个并不常见的张学友。当《一路上》异域风情的音乐响起，一袭黑色纱袍的学友和妖艳的“阿拉伯”少女忘情地舞在一处。妩媚的体态加之黄发、黑须的另类造型，感性迷人的灵动舞步让你觉得此刻台上的不是“歌神”而是“舞仙”。张学友的父亲出生在塘沽，十岁离开家乡，因此，张学友常说自己是天津人。张学友的多变表演让家乡的歌迷度过了一个永生难忘的不眠之夜。张学友于演唱会后回到塘沽探访旧居，连同其火爆的个唱现场，吸引着媒体和歌迷的目光。

第五场是在2002年7月21日，王力宏、孙燕姿、张宇和张惠妹登台“相聚今晚”群星演唱会。主持人尚未登台，无须报幕，王力宏已用《龙的传人》点燃起观众的热情。孙燕姿虽然嗓子有些嘶哑、表现略有拘谨，但《我要的幸福》等代表作仍能再掀热浪。张宇随后出场，献上了《雨一直下》。他将手中的矿泉水泼向空中，现场的气氛瞬间沸腾。轮到张惠妹的压轴上场，全场气氛顿时变得极为热烈。还没等观众把目光聚焦，张惠妹已经在台上前后左右穿梭，她的劲歌热舞激起了强烈共鸣。她连唱了七首歌，倾情投入，几次唱罢，情不自禁地跪地以谢观众。

第六场是在2008年10月7日，“123我们都是木头人”陶喆世界巡回演唱会在天津民园体育场隆重上演，那是陶喆出道11年来第一次在天津举办个唱。舞台上的陶喆，时而豪迈霸气，带领全场一起摇摆，更鼓励内场观众“不要害羞，可以站起来”；时而深情款款，手抱吉他安静地坐在台上自弹自唱，细腻感人；时而顽皮调侃：“今天晚上你们全部回我的家！”

第七场是在2011年10月13日，“中国广播影视大奖中国原创歌曲奖”颁奖典礼在民园体育场隆重举行。华语原创歌坛顶尖歌手孙楠、王啸坤、尚雯婕、魏晨、张信哲、梁静茹、信乐团、钟汉良等歌手纷纷亮相。只是人们未曾想到，这次活动竟然是民园作为演出场所向大家告别的谢幕演出。

# 第五节　足球告别赛

关于民园体育场，风风雨雨往事何其多。它是天津的一块地标，也是天津人的一个情结。它不仅是天津足球的象征，更是天津体育的象征。1920年，为了满足英国侨民的娱乐体育需求，民园体育场在1926年与世人见面。当时，这座占地33000平方米，建筑面积20000平方米，木板看台，能容纳两万多人的体育场成了亚洲最大、最先进的综合性体育场。民园体育场可与英国的斯坦福桥体育场相媲美，创造了当时很多中国第一：这里是中国最早的符合国际标准的田径和足球比赛场地；这里举行过中华人民共和国诞生后首届全国足球比赛，并诞生了第一批国脚。而今天，百年民园华丽转身，变身为集多元化、多功能于一体的市民文化广场。

大理道57号花园酒店的董事长刘壮先生和民园体育场有着非常深厚的感情。他与父亲两辈人都在民园踢过球。他家居住在河东区大王庄，这是一片足球热土。其父刘雨臣是颐中烟草公司的职工，是足球场上的骁将。刘壮从小爱踢足球，原来是天津市公安局足球队的中锋。他爱足球，不但踢球，还是球迷，并结识了很多足球队的名宿国脚，并成为知心好友。这些足坛名将大都由民园成长，与民园有着很深厚的感情与渊源。刘壮先生在2005年5月7日成立了大理道57号足球一队和二队，这两支民间的草根足球队，一直在以自己的方式将快乐足球进行到底。2012年5月7日，恰逢大理道

57号花园酒店开业五周年店庆，又值民园即将完美谢幕之际，刘壮先生和朋友们决定，踢一场足球友谊赛，快乐足球来向民园体育场告别。

2012年5月7日这天，天空晴朗，初夏的暖风吹拂着，五大道一带的各地游客们正兴致勃勃地穿行在风格各异的建筑间。作为五大道的心脏，民园体育场迎来了一批不同寻常的客人。看，蔺新江来了、左树声来了、李华典来了、白金贵来了、施连志来了，还有吕洪祥、邵庚、山河、王凯……有这么多的名人莅临民园体育场，使这场告别球赛更加引人瞩目。天津电视台体育频道、报纸、网络等新闻媒体的记者们纷纷来到现场采录节目、撰写报道。

大理道57号一队对大理道57号二队的友谊赛开始了。抢断、铲球、飞跃、射门……老将不老，这些足坛名宿们的矫健身姿，给了球迷们以美好的享受。

比赛结果是2:1。天津电视台体育频道记者赛后采访了蔺新江。蔺指导说："我从小就在民园踢球，是从这里长起来的，几十年了，我对民园的感情太深了。这里给我留下了很多美好的回忆。现在我已进入老年了，和57号足球队在一起，既当他们教练、又当队员，感到很开心。"刘壮先生接受采访时表示："从民园走出了很多国脚，我从小就有足球情结。民园有近百年的历史，在国际和国内都很有名，我们这场比赛是老民园的最后一场告别赛，很有意义。我们大理道57号足球队是草根足球队，我们的宗旨是快乐足球。人们在工作之余，踢踢球，出身汗，锻炼身体，为了更好地工作和生活。天津有足球的氛围，我们业余足球队就想起一个推动作用，希望我国足球越来越好。"一场告别赛，踢出了我们对民园体育场的敬意与感情。在不久的将来，民园体育场将华丽变身，必将以崭新的姿态展露它的风采与魅力。

# 第十章　凤凰涅槃　华丽转身

CENTURY OF MINYUAN

# 第一节　城市客厅多种功能

2014年春，民园体育场改造工程完工，新民园广场在五一小长假以崭新的姿态迎接四面八方的来客。当时，五大道国际文化艺术节也闪亮登场，为市民的奉献出精彩纷呈的节目。熟悉天津足球的球迷对民园体育场肯定不会陌生，这里见证了天津足球的兴衰，也给人带来了无限的回忆。随着时光流逝，民园体育场已经不能满足各项活动的需要，因此在2012年，天津市政府决定改造已有86岁高龄的民园体育场，使它重新焕发青春。

民园

在新民园广场的落成典礼上，来自俄罗斯的艺术家们表演了独具特色的民族舞蹈和歌曲;20世纪20年代的老爷车在民园广场周围展示;骑士们骑着欧洲温血宝马在广场外巡游,一系列精彩的活动将民园广场的落成典礼装扮得格外精彩壮观。走进新民园广场,一大片开放式草地映入眼帘,大人带着小孩嬉戏,老爷爷老奶奶漫步其中,民园广场将市民锻炼健身的目的发挥到了极致。而步入民园广场二层,可以俯瞰整个民园广场,走进连廊还有小洋楼绘画作品展以及互动体验区。特别值得一提的是在互动体验区里,市民可以通过镜头影像穿上民国时的服装,玩手指操控的游戏以及还原普通市民的生活,这也极大地增强了新民园广场的娱乐性。

最初的民园体育场建于1925年,总建筑面积61000平方米,场地15000平方米,当时是我国最早的体育场之一,也是亚洲符合国际标准的体育场之一。改造后的民园将拥有全新的功能板块:市民健身板块21000平方米,占27.7%;文化演艺创意办公5640平方米,占7.4%;旅游服务6735平方米,占8.9%;商业配套21125平方米,占27.8%;地下停车库等21440平方米,占28.2%。改造的总体思路是保留现有的建筑形式和风貌,拆除民园河北路段部分设施,形成开放式体育公园。同时,改造中拆除了南北看台,新建三层多功能建筑,新建地下二层空间,布置合理的出入口,变电设施将全部在地下解决。在体育场北门,原来的足球纪念碑一带变身成欧式风格广场,建成民园地区的标志区和人流集散中心。改造后的民园体育场已改变原先单一的专业竞技体育场功能,变成供市民休闲健身等集多元化功能于一体的市民体育休闲公园,从6时到24时,市民都能互动参与感受新民园的魅力。

据介绍,改造完成后的民园广场总建筑面积达七万平方米,可以提供450个地下车位,将大大提升五大道地区的交通功能。民园广场项目招商面积约三万平方米，共规划大小商铺40余个，其中面积最大的约2000平方米，最小的约40平方米。据相关负责人表示，改造完成后的民园广场是完全开放式的，建有400米跑道和下沉式露天广场，为周边居民和外地游客提供休闲健身场所，将打造成市民和国内外游客的“散步天堂”。由于五大道有着“万国建筑博览会”之称，因此入驻民园广场的餐饮也将是“万国美食”，其中包括意大利、捷克、法国、西班牙等不同国家的风味美食。

新民园

2012年，天津市和平区启动了民园体育场保护利用提升改造工程，该项工程是天津市为合理保护利用五大道地区历史风貌资源、提升五大道历史街区价值、打造“近代中国看天津”文化旅游品牌、发展现代服务业、推动区域经济发展做出的一项重大举措，是天津市重点建设项目。历时18个月的时间，民园广场工程基本完工，一座美轮美奂的英式古典风格地标建筑呈现在广大市民面前。2014年，民园体育场以全新面貌在“五一”期间对外开放。同时，新民园还将以此为核心与周边的庆王府、先农大院商旅区、民园西里文化创意街区共同成为五大道文化旅游区的核心景区和集散中心，为国内外游客提供更加舒适周到的服务。

民园航拍

五大道记忆馆展示了当年在五大道上生活的人们曾经使用过的家具、电器等生活用品，复原了当时生活的一角。五大道历史影像馆展出的部分老照片，让人们体验到五大道百年的蜕变。文化体验馆里这面神奇的“镜子”其实是一个视频窗口，可以放映五大道过去的生活情景。游客也可以通过这个视窗让自己融入故事之中。穿上民国时期的服装，置身20世纪二三十年代的五大道街头，宛如进入时光隧道，举手投足间演绎一段历史故事，穿越五大道的“前世今生”。与新民园同步面世的“五大道游客服务中心”是新民园最大的亮点之一，包含了多项全国首创的创意和高科技手段，是天津第一个5A级游客中心。游客在总服务台可以免费下载App软件，如同身边随身陪伴一位全能导游，且在五大道范围内使用还不用耗费手机流量。不论乘坐哪种交通工具来到五大道，免费的App软件都能提供从地图到语音的全方位导航服务，还会对所有小洋楼建筑的内部结构和特点进行说明。建成后的民园广场定位为“中西合璧的城

市客厅”,是集“中外游客集散中心、特色文化博览中心,休闲体育体验中心和异国风味美食中心”为一体的、中西文化交融的、独具特色的城市休闲广场,成为天津文化旅游的新名片。

# 第二节　博物大千文化奇观

五大道文化旅游区内，随着近现代历史的不断挖掘，展现五大道历史不同侧面的博物馆、展览馆、艺术馆陆续建成并对游客开放，五大道景区及周边目前形成以五大道博物馆、五大道“拜石”博物馆、庆王府博物馆、近代天津博物馆、北疆博物院、天津体育博物馆、和平区非物质文化遗产展示馆、民园西里沉香博物馆、先农大院展览馆、天津鼎天艺术苑、天津文交所展览馆等为核心的博物馆群，五大道景区及周边的各类文博展馆将形成相当规模。下面介绍在民园广场内的四家博物馆，依次为天津市体育博物馆、五大道历史博物馆、和平区非物质文化遗产展览博物馆和拜石博物馆。

天津市体育博物馆

## 一、天津市体育博物馆

为让民众更好地了解体育在天津及中国的发展史，经过了一年多的试运行，拥有藏品4000余件的天津市体育博物馆于2017年3月31日正式免费对外开放。

天津市体育博物馆坐落于著名的五大道风景区民园广场南侧，展出面积3000平方米，分为四个部分：序厅、一号专题展厅、二号藏品博览厅和三号互动体验厅。其中，序厅主要是对天津市博物馆的一个概述。一号专题展厅是“天津与奥运”专题展览。在这里，记载了三位杰出人物张伯苓、王正廷、董守义，他们开启了中国近代体育发展的新章程；记载了1897年北洋大学堂对奥运会做出的第一次模仿、1932年助力刘长春参加奥运会的不懈努力以及1936年中国代表团初登奥运舞台的成功。此外，展览还记载了中央体训班的迁入，从那时起，天津的著名运动员便不断涌现：从穆祥雄到足球白队，从高秀敏到中国女排。二号展厅是“奥林匹克藏品博览”，收藏了从1896年第一届现代奥林匹克运动会开始的上百件珍贵藏品，很多在国内是难得一见的。展品中包括中国第一场篮球比赛的公告复印件，见证了篮球开始引进中国；有老一辈革命家包括毛泽东、周恩来、刘少奇等人关心天津体育的珍贵照片；还有跳水奥运冠军王鑫2008年在北京奥运会上穿的比赛服等。目前，天津市体育博物馆通过各种渠道，已经征集到了3000余件文物，这些珍贵的藏品俨然就是天津体育历史、中国近代体育历史和世界奥林匹克发展史的一个缩影。三号互动体验厅主要用于举办全民健身科普活动，承接小型会议、年会等。

**二、五大道历史博物馆**

天津五大道文化旅游区核心景区的民园广场定位为“中西合璧的城市客厅”，是集“中外游客集散中心、特色文化博览中心，休闲体育体验中心和异国风味美食中心”为一体的城市休闲广场，成为天津文化旅游的新名片。以五大道历史博物馆历史文化的积淀和沉浸式穿越，撑起了五大道核心文旅的半边天。

五大道历史博物馆创建于2009年，是在五大道地区第一个能够走进去，触摸百年历史的展馆。当时以民园大楼100多平米地下室设立为9个展厅，大量珍贵藏品真实浓缩再现五大道历史建筑人文环境，迄今已接待全国各省市及100多个国家前来天津旅游的参观者，受到成千上万者留言点赞。

五大道历史博物馆

2018年，和平区为了发展五大道文化旅游，重新扩建五大道历史博物馆近2000平米的展馆，主要包括民园广场五大道游客服务中心二楼主馆，民园大楼名人印象馆。是全面立体展示五大道区域历史以及五大道文化历史。

五大道历史博物馆扩建后，百年近代历史留存经典藏品5000余件呈现，总共设立:名居内景，名街外观、名人生活，名家轶事。天津五大道作为中国十大历史名街第一街，五大道历史博物馆系统梳理展现名史、名人、名家、名居的经典，特别是为推动世界城市文明建设发展，推动人类文化进步，让世界记住做出贡献的历史人物和今天为五大道历史文化发展默默工作者，因为他们是人类的智慧和东西方文化交流融合的代表。

五大道历史博物馆将成为五大道文化旅游的光点，已成为五大道历史文化背景解读和写照，是人文环境和历史遗迹的再现，是百年城市文明的缩影 ，同时又是文化旅游人们可以穿越的一道历史风景线。2021年创办名人花园，同年，与天津劝业场共同创建了百年劝业博物馆。这是是全面立体展示五大道区域历史以及五大道文化历史。2019年五大道历史博物馆被天津市商务局授予."天津老字号" 文化传播基地荣誉称号。2021年中国侨联确认中国华侨国际文化交流基地。

五大道历史博物馆拥有大量珍贵藏品 ，未来创建博物馆群，大小各异的主题博物馆10个，构建博物馆吃喝娱乐的传统国货精品与现代时尚文创融合的特色空间 ，来满足博物馆作为经典旅游线游客的需求，增加收入。

五大道历史博物馆民园大楼分馆

五大道博物馆为参观者带来的沉浸式五大道旧时场景体验共两部分。第一部分有复原的罗尔夫·盖苓旧居的客厅和书房，其中大部分家具出自他的寓所。罗尔夫·盖苓（1884—1952）是奥地利人，同样也是奥地利国家建筑鉴定议员，著名建筑设计师。香港大楼、剑桥大楼、民园大楼等公寓式建筑以及昆明路上的吴颂平旧居、花园路上的张瑞庭旧居等均出自盖苓之手。

第二部分是五大道人的生活物品展览。馆内藏有近千件来自五大道的文化展品，如当年从英国本土运来的柚木雕花长台、有出自军阀政客家庭藏有暗道的壁炉和古董挂钟、有式样奇特且洋味十足的百年前欧式家具等。展览复原了20世纪初居住在这里人们的生活场景，受欧美之风影响，达官贵人的府邸都设有西餐厅，并备有各种高档的西餐器具。这些器具有银制、铜制或铜镀银，十分精美。博物馆中还有五大道历史展览，以及用最早的美国柯达彩色胶片拍摄的20世纪二三十年代的五大道珍贵影片等。

**三、和平区非物质文化遗产展览博物馆**

和平区非物质文化遗产展览博物馆位于民园广场二层，建筑面积1000平方米。博物馆运用现代化的声光电技术和独立展览馆布局展现时光交错。乘坐黄牌老电车，市民可以从侧窗中观看20世纪三四十年代时老和平的商业景象掠影。也可以穿越到新和平，包括津门津塔、五大道、津湾广场、金街等现代商业景点，展现新旧对比。

和平区非物质文化遗产保护中心工作人员单魁居介绍，进入参观的市民，更能从各个单独的小展馆“穿越”到部分非物质文化遗产项目百年前的样子。狗不理包子制作技艺、老美华的“三寸金莲”制鞋技艺、津派旗袍制作技艺等非物质文化遗产项目将齐聚一堂，为市民带来穿越剧般的感官体验。鞋楦子、小折尺、墨线盒，在博物馆中挂满古老手工艺工具的一面墙，展现着整个场馆“弘扬工匠精神传承非遗文化”的主题。整个场馆分“津味”“百戏”“医道”“工巧”四部分展示在和平区可以体验到的

2018 年，作者金彭育的小孙子金语新在“非遗”馆

狗不理包子、津味吆喝等48项非物质文化遗产保护项目。

一直以来，和平区十分重视非物质文化遗产保护工作。经过普查、挖掘和专家论证，和平区已经把属于“传统手工技艺”范畴的狗不理包子制作技艺，老美华手工制鞋技艺的“三寸金莲”坤尖鞋、杭元鞋等4种千层底手工鞋，津派旗袍等两种服饰制作工艺，金星义聚永的高粱酒、五加皮等3种名酒制作工艺，盛锡福的传统毡帽、草帽制作技艺；属于“杂技与曲艺”范畴的王殿英古典戏法、张万年御板书；属于“民间文学与口头传承”范畴的天津地方歌谣和津味儿吆喝；属于“体育与竞技”范畴的天津纸牌、竞技麻将、毕氏一指禅拿手推；属于“民间美术”范畴的侯派京剧脸谱等非物质文化遗产都在馆里设有展示。其中，老美华制鞋技艺、狗不理包子制作技艺、戏法三项，已列入国家级非物质文化遗产项目。

**四、拜石博物馆**

经过紧张筹备，五大道文化旅游区拜石博物馆于2016年春正式建成对外开放。拜石博物馆位于民园广场河北路长廊2层，主入口设在民园广场东南侧。该馆由天津著名作家冯骥才题写馆名，由国内知名书画家家范曾、孙伯翔、王学仲、邵华泽等题词。位于天津市民园体育场的拜石博物馆，在这个出自大自然鬼斧神工之手的“石头世界”里，聆听“石头”诉说的动人故事，体味赏石问道的精彩人生。拜石博物馆将奇石与书法、绘画、泥塑、篆刻、摄影、石雕等紧紧融合在一起，由“前言”“天造山是入诗来”“天造石画入堂来”“石花朵朵”“可爱的石头动物”“春华秋实”“民以食为天”“天造山石入画来”“怪石种种”“不尽的石趣”等十部分组成，汇集了海内外千余块珍贵石藏。

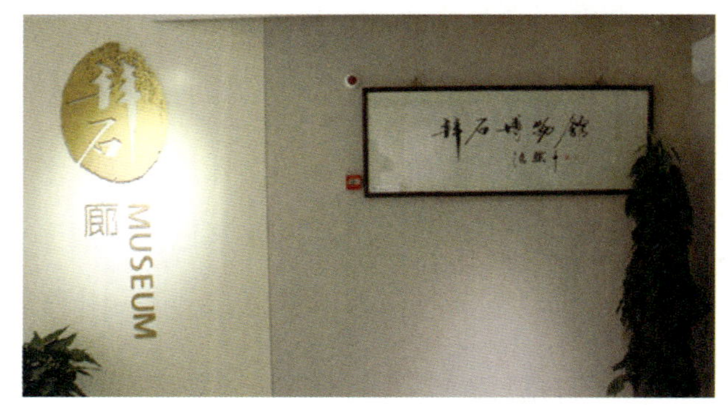

拜石博物馆

“拜石”一词出自宋代著名书法家、画家米芾“米芾拜石”的典故。米芾视石头为有灵性之物，对石头充满了拜仰之情。由于他一生对石头的痴迷，将奇石的“瘦、漏、皱、透”与书法、绘画等审美提升到一个新的高度，一直流传至今。“拜石”博物馆在传承“米芾拜石”的基础上，将奇石与书法、绘画、泥塑、篆刻、摄影、石雕等紧紧融合在一起，以衬托奇石的魅力，在中国当代奇石文化上堪称“独树一帜”。

拜石博物馆馆长是天津《今晚报》社原社长兼总编辑贾长华。他在其30多年新闻生涯繁重工作之余，倾心40年心血与精力，收集收藏了一批石头艺术品。“不关风雅，只有沉醉；不唯收藏，只重悟道，奇石是大自然的鬼斧神工，爱石头，就是爱自然”。他从石头中得到的是幸福、喜悦和人生感悟。退休后，他更将爱好融入生活，创办了拜石博物馆，为社会继续作出自己应有的贡献。拜石博物馆开馆以来，吸引了众多喜爱奇石收藏的游客参观游览，通过观赏丰富的藏品，充分领略奇石文化的底蕴，并从中陶冶情操，愉悦身心，感受中国传统文化的魅力。拜石博物馆还不定期地组织奇石文化的交流和研讨活动，为五大道文化旅游区提升旅游品质增添了更多的文化内涵。

# 附录　民园周边的名人名楼

CENTURY OF MINYUAN

# 第一节　顾维钧及其旧宅

顾维钧

顾维钧（1888—1985），字少川，江苏嘉定人（现上海市），中国近代杰出的外交家。顾维钧早年留学美国哥伦比亚大学，获法学博士学位。1922年至1926年，他曾任外交总长、财政总长，两次代理内阁总理。九一八事变后，其先后担任国民党政府驻法、英、美等国大使。1945年6月，顾维钧出席旧金山会议，参加起草《联合国宪章》，作为中国代表在联合国宪章上签字。1956年至1976年，其先后任海牙国际法庭法官，国际法院副院长。退休后，定居美国。

顾维钧旧宅位于天津英租界威灵顿路（现河北南路267号，民革天津市委员会旧址），该楼建于1921年，为西洋古典式砖混结构三层楼房，占地面积1320平方米，建筑面积1547平方米，房屋48间。为木屋架起脊，红缸砖墙面，木楼板楼梯，双槽玻璃窗，二、三楼均有平台。楼内卫生、暖气设备齐全。楼门前一对巴洛克式麻花柱，进门左侧还装有楼内配套的硬木沙发式座席，菲律宾木人字地板。解放初期，天津市第一任市长黄敬曾

河北路267号顾维钧旧居

寓居此楼。

1928年6月3日，顾维钧准备随张作霖坐火车从天津启程去东北，但因小恙未能成行，回到在津的家中休息。张作霖携其六姨太坐火车去东北，在皇姑屯被日本人的炸弹炸死。如果当年顾维钧和张作霖同赴东北，很可能遭遇不幸。那么，历史将被改写，《顾维钧回忆录》也就无人书写了。

顾维钧宦海半世纪，事业上一帆风顺，但在婚姻上却很不幸，先后结过四次婚，颇为曲折。其父晴川先生，思想封建。顾维钧年少时遵父母之命，与上海嘉定乡人某医生之女订下婚约。1908年，顾正在美国留学，奉父母之命回乡完婚，婚后携夫人赴美继续留学。但在美期间，因夫人不懂外语，又不习惯国外的生活，两人出现了隔阂。最后经协商，双方同意离异。这第一次婚姻时间很短，只维持了几年就结束了。

第二次婚姻是在1912年到1918年。1912年，顾维钧在美国哥伦比亚大学毕业，获国际法学博士学位。回国后，即入政府工作。当时内阁总理为唐绍仪。唐绍仪（1860—1938），字少川，广东香山（今中山）人，为民国政府第一任内阁总理。他十分赏识顾维钧的才华，并将他推荐给时任大总统的袁世凯。因此，顾维钧当上了总统府秘书。凡袁世凯接见外宾需要说英语时，均由顾维钧担任翻译。后来，顾维钧与精通外语的唐绍仪长女唐梅成婚，夫妻感情弥笃。巧的是，顾维钧字少川，唐绍仪字亦少川，翁婿同名，一时传为佳话。1915年，顾维钧长子顾德昌出生。但不幸的是，唐梅在生育第二个孩子时因病去世。当时顾维钧正值而立之年，为孩子失去慈母而深感悲伤。1918—1919年，顾维钧作为全权代表出席巴黎和会。在1919年1月18日举行的会议上，顾维钧即席发言，他慷慨陈词、论证有力、言词得体，始终掌握主动。发言既毕，各国领导人纷纷赞扬致敬，顾维钧一举成名。陈道明主演的影片《我的1919》，再现了顾维钧等人在巴黎和会的场景。

1920年，顾维钧调任驻英公使，出席国际联盟会议，并担任国际联盟行政理事。此时，号称“亚洲糖业大王”的华侨富商黄仲涵的夫人正因夫妻失和，携次女蕙兰旅居英伦。经在法国黄之长女安排，特在巴黎大饭店举行宴会，介绍顾维钧和黄蕙兰相识。二人一见钟情，并决定择吉完婚。黄蕙兰太美了，像从画里走出来的美女。她会英语、法语、荷兰语、印尼语，是一位理想的外交官夫人。两人闪电式恋爱，婚礼在是年10月21日于伦敦举行。顾维钧要出席当年11月14日在日内瓦召开的国联政务会议，因此二人的蜜月是在赴日内瓦的卧车上度过的。作为“亚洲糖业大王”的华侨富商黄家，陪嫁甚丰。顾维钧与这位珠光宝气、娇生惯养的夫人，虽有格格不入之处，但她精通多国语言，在国际可应付裕如，确实难得。然而，1956年，这对结婚30多年的夫妻竟在美国劳燕分飞，如同流水一样自然。黄蕙兰后来著有《没有不散的宴席》一书，记述了与顾维钧的这段姻缘。

顾维钧的第四位夫人是沪上望族严幼韵，风姿绰约、气质高雅，早年毕业于复旦大学。

顾维钧于1967年退休后定居纽约，撰写英文《顾维钧回忆录》。1980

年，经在纽约的李汉魂奔走相助，在天津的市政协常委、李汉魂老友谢天培穿针引线，顾维钧决定将600万字的《顾维钧回忆录》交天津政协编译委员会翻译，由中国社会科学院近代史研究所署名，中华书局出版。顾维钧于1985年11月14日在纽约逝世，享年97岁。顾维钧有三子一女。1988年后，长女顾菊珍女士同丈夫钱家其多次来津，曾前往顾维钧故居参观。

顾维钧旧居先后接待宋庆龄及中国台湾、香港、澳门地区的专家学者、企业界人士近百位。影视作品《大决战》《大转折》《弘一法师》《巨人的握手》《最后一任市长》《影后胡蝶》的一些镜头是在此拍摄的。

## 第二节 小德张设计楼房

在天津五大道地区，位于睦南道，毗邻云南路，有一条绿荫丛中不显眼的小胡同，名为金林村。小胡同建于1913年，为两层西式楼房，清水砖墙，入口处作转角处理，上筑阳台，顶部为不规则多坡顶，周边出檐，并开有天窗。金林村4号为曾任清宫最后一任太监大总管的张祥斋晚年居住的旧宅。他原名张云亭（1876—1957），字祥斋，以清内宫排列“兰”字，序名张兰德，宫号“小德张”，直隶静海（现天津市静海区）人。他于1891年入宫当差，初期在南府戏班学京戏，1898年升为后宫回事。1901年庚子回銮后，小德张升御膳房掌案、授三品顶戴；1909年晋升为清宫太监大总管，也是最后一任太监大总管；1913年离开清宫寓居天津。他一生经历过清末、民初、敌伪、国统四个时期。1949年元月，他又以73岁高龄迎来天津的解放。1957年4月19日，小德张病逝于金林村4号，终年81岁。从1913年到津至1957年病逝，他在天津共居住了44年。

小德张

小德张入宫以后，凭着他聪明和勤奋，由一个太监升迁成为大总管。

初入宫，他即因容貌清秀、身体健壮，而入宫内戏班学戏。三年苦练，他登台出演文武小生，受到慈禧太后赏识。在宫中，他还练武术、学书法，他写的龙、虎、寿等大字，为隆裕太后代笔，一笔呵成，颇有气势。小德既是美食家，又是烹调专家，他熟悉满汉全席，做出的菜肴色香味俱全。但到津后很少自己下厨了。

1912年，民国成立，清帝逊位，小德张继续留在紫禁城，侍奉隆裕皇太后（光绪帝的皇后）。但此时形势已经大变，由于受到袁世凯手下官吏的侵扰，在北京不够安全。1913年，隆裕皇太后去世，小德张感到在北京已无安全可言，于是他从前门车站坐火车来到天津。到津后，暂住在日法租界交界处秋山街（现锦州道）的一幢小楼里。时间不长，他便在英租界博罗斯道（现烟台道66号655）买下楼房一所，并将其母唐老太太从静海县吕官屯接来，全家迁入。该房建于民初，原为一个英国皮毛商建的私宅，英庭院式建筑风格。由于后院有一个小马厩，养过马，所以人称英国马号。小德张在这里大约住了十年，然后搬进同是英租界的剑桥道新建豪宅（现重庆道55号天津市政府外事办公室）。博罗斯道楼房继由大总统曹锟之弟曹锐居住（后来曾住过被称为“面粉大王”的寿丰面粉公司经理孙冰如，抗战时期曾住过伪天津商会会长邸玉堂）。中华人民共和国成立后，该处为天津市房管局办公地点，现为小白楼房管站。

从1923年春至1926年秋，小德张在英租界剑桥道新建豪宅（现为重庆道55号市外办）住了三年多。该房由小德张亲自设计监造，由天津永德木厂施工。始建于1922年，建成于1923年。楼房整体为中西合璧风格，东花园虽不大，但有山有水、有亭有桥、有花有草。玲珑多姿，别有洞天。太湖石、盆景木化石、北美黄金树、意式喷水池、槐香亭、金鱼池、李铁拐铁像和院府海棠构成优美的空间，有清代王府风貌。主楼和四面平房共有房120余间。大楼入口处有17级半外跨台阶，前厅有木雕隔扇和活动拉门。楼内四周是房间，中部为一个400多平方米的大厅，上有大罩棚式屋顶，采光和通风效果极好。大厅有一个可拆装的小舞台。1923年，小德张全家迁入新居，正赶上唐老太太79岁生日，小德张为老娘举办了大型庆寿活动，有重要人物如载振、载涛、马福祥、马鸿逵、傅作义等到场祝贺。大厅里搭上了小舞台，庆寿堂会邀请了京剧名角李吉瑞、薛凤池、程永龙、小兰英等登台演戏。当时大厅的环廊挂满了绢制宫灯，中间还悬挂着一个巨型跑马转灯，著名书法家李兆珍当场挥毫书写对联，联曰："堆秀飞霞尤尽画师神妙，流丹叠翠费煞匠子灵心"。后来，小德张把这幅书法作品挂在北客厅伴琴斋中。

1924年夏，唐老太太去世，小德张为老娘出了大殡。特地从北京运来金丝楠木寿材，请来僧道番尼日夜诵经，放焰口。还请北京扎彩匠赶制纸人纸马和亭台楼阁。出殡前天，他请李兆珍为点主官，读祭文点主，还烧了一只大法船和一个双层楼库法轿。出殡那天由福建督军李厚基祭门。寿材下17级半台阶，由24名杠夫用肩高抬。每下一级，赏现洋50元。由于高抬降阶，移行稳重，17级半台阶下了近一个小时。当寿材抬至地面，即上64抬大杠。此时小德张立即赏给杠夫1000元现洋。大殡殡仪队伍长达数里，从剑桥道寓所到北站，换乘火车至静海，再转到老家吕官屯安葬。

1926年，小德张把剑桥道寓所转让给庆亲王载振，从此，该楼被称为"庆王府"。小德张则迁到惠灵顿路（现河北路237号和平区第五幼儿园）上的马家楼居住。马家楼是西北军阀马福祥寓所，他曾当过青岛市市长和安徽省政府主席。楼的南侧有一条胡同叫宁静里，共有四个门号，分别住着马福祥之子马鸿逵、马鸿炳和侄子马子丕。清末慈禧太后逃往西安，马福祥率军护驾，与小德张结识并结拜为兄弟。马家楼也是由小德张亲

睦南道金林村 4 号小德张旧居

自设计的。

1930年，小德张一家迁入墙子河边都柏林道的新宅（现湖北路20号市警备区招待所），该宅也是由小德张亲自设计，为新的英城堡式大楼。此处宅子的院落很大，太湖石假山、凉亭、荷花池错落成景，景色优美。楼房为两座，分主楼和附楼，由封闭天桥连接。主楼为四层，其中二楼有一个可容400人的演戏大厅。该楼后有一条胡同永兴里。永兴里位于郑州道，也通南京路，为一条活胡同。该胡同由小德张建于1926年，取永远兴旺之意。共有11个门，坐东朝西，为砖木结构的西式普通三层楼房（我国著名甲骨文专家王襄曾于20世纪40年代在这里居住过）。1951年，小德张购买了镇南道金林村4号（现睦南道金林村4号）的楼房。该房建成于1939年，由黄金生、李茂林以及一个朱姓人三人合建，定名则是由黄、李的名子各选一个字，曰“金林村”。1957年4月19日，小德张以81岁高龄在这里辞别人世。

## 第三节　庆王载振在天津

天津重庆道55号是一所高墙深院的中西合璧式建筑，现为天津市人民政府外事办公室办公使用，这里原为庆王府。天津没有皇宫，何来庆王府？原庆王府在北京西城定府大街。第一代庆亲王是永璘，他得到嘉庆皇帝赏赐的乾隆时权臣和珅的旧居。到奕劻时已是庆亲王第三代了。1900年八国联军侵犯北京，慈禧太后和光绪皇帝仓皇西逃，并授权庆亲王奕劻和李鸿章与敌议和，签订了丧权辱国的《辛丑条约》。1917年，奕劻病逝。其时清廷已垮台，时任大总统的黎元洪发布命令："清宗室庆亲王奕劻因病出缺，所遗之爵，本大总统依待遇清皇族条件第一项，以伊长子载振承袭罔替。"民国大总统为清权贵后人封王，是个很滑稽的事。载振于1925年购买太监小德张（张祥斋）所建的英租界剑桥道楼房一所。载振，字育周，生于1876年。初袭镇国将军，光绪二十七年（1901）加封贝子衔，人称"振贝子"。光绪二十八年（1902）为专使大臣，出使英国，贺英皇加冕，并应邀访问比利时、法国、美国、日本四国。光绪三十三年（1907）奉派赴东北三省查事归来，路经天津，有道员段芝贵以重金购女伶杨翠喜以献，段芝贵遂得以署黑龙江巡抚之职。丑闻传遍京津，载振被御史参奏，后被迫引退，后于1925年全家来天津寓居。

这所楼建于1922年，由永德木厂承包全部工程。小德张按照自己的意图设计，实际上是用中国传统四合院的思维建成的洋楼，并亲自监工建造，全部选用上好的真材实料，建造一年完工。全楼为青砖木结构，三层带地下室，占地面积4384.88平方米，楼平房共计94间，总建筑面积5084.63平方米。整体建筑高大雄伟，围墙高耸、庭院深深。主楼为西洋柱式回廊的中西合璧风格，两层外廊的琉璃瓦栏柱分别为蓝、黄、绿色。门廊为显示宫殿气氛的复合柱式，是中国传统的琉璃柱。正门有上窄下宽的17级半台阶。为什么17级半呢？因为皇家是18级台阶。“九”是阳数之极，有吉祥的内涵，皇家的台阶是两倍于“九”，为18级或19级。进门厅处，有中西合璧的木雕隔扇，上面为上部拱形的比利时玻璃镜。隔扇门为活门，有两种含义。第一种含义是“主人走正门，仆人走两侧门”。第二种含义是“有大事时候开中部大门，平时开两侧门”。楼当中为欧洲古典风格的开敞天井式大厅，面积为349.69平方米，四周一圈为正式住房，东、西、南、北四面的开间，均为“明三暗五”对称排列。大厅顶部悬一组葡萄造型吊灯。厅内上悬御赐的“宝胄藩厘”“微猷翊赞”“天赐纯嘏”等匾额，还挂着康熙皇帝御书白居易诗句的大条幅，诗曰：“地僻门深少送迎，披衣闲坐养幽情，秋庭不扫携藤杖，闲踏梧桐黄叶行。”楼东面有一个小巧玲珑的花园，有假山、甬道、凉亭、小溪、花坛、草木，别有洞天。特别是花盆中的几柱木化石、炭化石，更是令人称奇。院内有几株北美的黄金树，十分罕见。春天院中植株开出大紫花；夏秋时节，院中浓荫如盖、环境幽雅。花园中有一个小山洞，内有一个李铁拐的铁塑像。寓意为八仙之一的李铁拐，身背

庆王载振

装满水的葫芦，可以灭火，象征着这座庆王府安全防火。载振购此房后，又增建了3楼房屋和一些平房。三楼八间房屋是专为祭祀、供奉祖太王爷和影堂。有大厅、客厅、摆设中式紫檀雕刻大长条案、镶嵌螺钿八仙桌椅、围屏等，中间是一个硬木雕花螺钿王爷宝座。

奕劻、载振两代庆亲王均为朝廷重臣，颇多财富。载振在天津庆王府，更是锦衣美食，起居饮食仍保持王府旧制。主灶的厨师有六人，助手九人，每天备下的山珍海味、鸡鸭鱼肉多达50多种。1937年，载振50岁生日那天，在大厅搭建了活动小舞台，请来京津著名京戏演员演出京戏堂会。大宴亲朋好友，一天的费用高达1700块现大洋。招待遗老旧臣饮宴，只饮庆王府自酿的“香白酒”。这是用大直沽义聚永酒坊经理刘香久进奉的上好白干酒为原料制成的。其配方为：白干酒50斤，木瓜三斤，佛手三斤，中药材茵陈一斤，鲜果广柑三斤，鲜果香圆三斤，绿豆三斤，冰糖五斤。这种酒含

重庆道55号庆王府

有果酒和药酒两种成分，口感好，颇受欢迎。

经常来庆王府的遗老旧臣有章一山、金梁、严范孙、华世奎、张鸣岐、小德张以及大总统徐世昌等人。载振用巨额财富经商，和津门买办高星桥合办“新业公司”，并投资30万元和高兴桥合股兴建了法租界的劝业场、交通饭店、渤海大楼三处大楼。平时，载振就是在这座“庆王府”中吸鸦片、玩花鸟、宴宾客、办堂会。从1928年到1947年11月2日逝世，他在这里共居住了19年。载振的白事亦曾引起当时社会的轰动。葬礼循皇族礼法，寿材从灵堂抬出，高抬降阶，寸步移动，将寿材抬那17级半台阶。

# 第四节　从周氏旧宅说起

在天津民园体育场东侧有一所欧陆风格的小洋楼，院内花木扶疏，院落宽敞，门牌是河北南路277号，院墙上镶着“周氏旧宅”的牌子。这“周氏”便是中国近代工业创始人之一周学熙的长子周明泰。

周明泰，字志辅，号几礼居主人，光绪二十二年（1896）生于泰州。幼年读私塾，稍长学德语、英语。1918年任北洋政府总统府秘书。1922年调农商部任参事。因谙德语，部令出国考察德国战后经济状况；六个月后回国，著有《德国战后经济与实业》一书。1924年，他调内务部任参事，1928年因北洋政府解体去职，后从事实业。先后任唐山华新纱厂董事长、上海信和纱厂董事长、上海茂华商业银行常务董事等职。1949年，由上海移居香港，又移居美国华盛顿，闭门著述。此外，周明泰还是著名的戏曲史专家，到美国后，他深研中国戏曲史，著述颇丰，达十余种。

他酷爱戏曲，因而钻研戏曲理论和史料，广泛收集戏曲图书，20世纪30年代曾用重金收购到大量清代南府和升平署的抄本。他因听戏、谈戏，常与杨小楼、余叔岩、梅兰芳、尚小云、刘宝全等相往来，因而熟悉梨园掌故和舞台变迁。他曾为杨小楼演出的《宁武关》拍摄舞台电影，为刘宝全的京韵大鼓录制多张唱片。解放初期，他把珍藏多年的大量戏曲图籍及文献资料、名伶书画全部捐献给上海市人民政府。1957年，他又把在天津收集的大量京剧唱片全部捐献给国家，由中国京剧院收藏。1994年，周明泰在美国华盛顿寓所逝世，享年98岁。

周明泰旧宅是一幢三层顶部建有方亭的英国外廊式建筑，建于1933年，是由天津工商学院落建筑系主任沈理源工程师按周明泰本人的意图设计。这幢楼的深褐色缸砖全部来自英国，据说每块砖是当时一袋面粉的价格，十分昂贵。连七分头、二分头都是特制的。窗套上方的仙女雕饰象征着幸福吉祥，呈中西合璧风格，长发为西式，而脸部有中式特征。首层为连列券史敞廊，二层为双柱式外廊。这种双柱式，华丽秀美、比例明快，颇具罗马遗风，并饰以精致的花饰和波纹，别具一格。门窗皆为菲律宾木，窗台为汉白玉，钢窗上镶嵌着空心玻璃，十分精巧别致，保温隔热效能极佳。经过一楼回廊，进入阳面大客厅，客厅有40多平方米，顶部有拱形装饰，两侧有廊柱，水波纹旋涡纹饰，极富韵律感，有古希腊雕塑风格。在楼顶方亭放眼四望，步移景换，妙趣天成。

周明泰居室在二楼阳面，东面和南面都有窗户，他把自己的居室定名为“几礼居”，自己名为“几礼居主人”。自房子竣工到1949年，他一直住在这里。

周明泰的家族是中国近代史上的望族。周氏家族原籍安徽至德（现为东至）。周学熙之父周馥为清朝洋务运动重要人物，历任直隶布政使、山东巡抚、两广总督。如果把周馥作为周氏第一代算起，至今百余年，已繁衍七代，有500余口人，其中许多人成为名人。现周氏家人，居住在国内和世界各地都有。周馥有六子三女：学海、学铭、学涵、学熙、学渊、学辉、瑞细、瑞珍、瑞珠。其中周学海为中医名家，周学铭为清代进士，周学熙为中国近代工业创始人之一，周学渊为旅游名家，周学辉为实业家。第三代中有数学家、集邮大王周达，医学博士周逵，实业家周志俊，佛史研究专家周叔迦，旅德女画家、作家周仲铮，民族实业家、收藏家、曾任天津市副市长的周叔弢。第四五代为“良”字和“启”字辈。第四代中有国家森林植物学学术带头人周以良，全国三八红旗手周岱良，美国霍普金斯大学数学家周炜良，美国斯坦福大学神经生理学家周杲良，翻译家周煦良，历史学家周一良，红学家周绍良以及天津史专家周慰曾、作家周骥良等。半个多世纪中，周骥良笔耕不辍，现已出版了长篇小说多部，有《我们在地下作战》《吉鸿昌》《杨虎城》《女间谍覆没记》《阮玲玉》《香港之夜》《李鸿章和慈禧》等。

河北路 277 号周明泰故居

# 第五节　马连良与疙瘩楼

马连良是著名的京剧表演艺术家，他在北京的寓所位于崇文门外的豆谷胡同，在天津的寓所是位于河北南路南端东侧的疙瘩楼。疙瘩楼是用疙瘩砖砌筑而成，这种砖呈深褐色、坚硬带疙瘩状，不怕碱蚀，很有特色。用这种砖建成的楼房独树一帜，其中还有一段趣话呢。20世纪初，在津西青龙潭（现水上公园一带），有一个窑厂，主要生产砖瓦，砖是黏土砖，有青砖和红砖两种。瓦是大筒瓦，有底瓦和盖瓦。有一窑砖烧的火候过了头，把砖烧成了瘤子，形成了疙瘩砖，卖不出去。这事被一个有心计的外国人发现了。他见到这种砖烧得时间长，比耐火钢砖还坚硬，砖面上的疙瘩奇妙，正有可取之处。于是他以低价全部买下，用巧妙的砌筑方法，建成了楼房，不仅坚固而且外形奇特美观，遂有疙瘩楼之一景。

这处新式里弄住宅建于1937年。意大利建筑设计师保罗·鲍乃弟设计，这是一幢具有浓郁意大利风情的毗连式高级住宅。为四层砖木结构，前后有小院，底层为汽车房，二层为客厅、餐厅，三、四层为居室、书房。三层设有圆拱形阳台。房间宽敞明亮，功能齐全。外檐立面巧妙地用硫缸砖形成的“疙瘩”作点缀，故称“疙瘩楼”。该楼之美在疙瘩上，疙瘩点点，外墙体上的砖面凹凸参差，与阳台珍珠串式的栏杆，窗边的水波纹花饰，相映成趣，妙成天然。该楼原居民多为知识界人士，其中还有多位天津工商学院的教师。因著名京剧表演艺术家马连良曾在此居住而使该楼闻名于世。

马连良（1901—1966），回族，北京人。父名马西园，在北京开设茶馆，茶馆附设有“清音票房”，名伶、票友经常来此。马连良自幼受环境影响，酷爱京剧。他8岁入喜连成（富连成前身）科班，受业于茹莱卿、叶春善、肖长华、蔡荣桂、郭春山等京戏名家，先学武生，后习老生。由于他天资聪颖，进步神速，10岁时便崭露才华，《定军山》等靠把戏，《斩子》《空城计》等唱功戏，演来都字正腔圆、功架规范。1917年，16岁的马连良出科后，成为京剧舞台上一颗新星。23岁时便自行组班，并聘请钱金福、王长林等协助，从此唱红，当上了头牌老生。马连良师法谭鑫培、孙菊仙等名家演技，吸收余（叔岩）派艺术之长，逐渐形成自己独特的演出风格，被称为“马派老生”而享誉京津。从20世纪20年代到20世纪60年代，马连良被称为“马老板”，所到之处，大受欢迎。因此，马连良被称为“前四大须生”（余叔岩、高庆奎、言菊朋、马连良）之一，“后四大须生”（马连良、谭富英、杨宝森、奚啸伯）之首。疙瘩楼这处住宅，是马连良到天津演出经常居住的地方，最初选址得到好友张学铭的协助。张学铭住宅便在香港道（现睦南道50

河北路疙瘩楼马连良旧居

号市房产总公司）上，与马连良住的疙瘩楼非常近。附近的新加坡道（现大理道）有个戏迷杨楚白，是中南银行的高级职员，马连良到津演出时他场场不落。久而久之，两人成为朋友。杨楚白是天津八大家“长源杨”后人。马连良有时去他家做客，两人还合过影。马连良赠送部分照片给他留念，上书“楚白兄惠存”字样。还题写过两幅扇面。可惜这些物品在“文革”中当成“四旧”，付之一炬，殊为可惜。

马连良

1936年金秋时节，天津中国大戏院建成。1936年9月19日下午5点举行开幕典礼，来宾2000多人，热闹非凡，盛况空前。剪彩后，大家进场。台上富丽堂皇，台下掌声雷动。总经理孟少臣致开幕词，当时的市政府秘书长代表时任天津市市长的张自忠致祝词，最后是马连良代表中国大戏院致谢词。晚7点，戏开演，先由马富禄出演《跳财神》，继由马连良出演《跳加官》，最后是马连良、姜妙香、茹富蕙、刘连荣等主演的《群英会》和《借东风》。演出受到全场宾客的热烈欢迎，演毕多次谢幕。从此以后，马连良经常来津演出，与天津结下不解之缘。他来津便住在疙瘩楼里，以备在津演出时休息、背词、走戏和会客之用。从那时起，到20世纪40年代中叶，马连良经常来津演出，还参加多次义演，传为佳话。

# 第六节　鹿钟麟热心街道工作

鹿钟麟（1884—1966），直隶定县（现河北省定州市）人，字瑞伯。清末入伍新军第六镇当学兵，后任第二十镇下级军官。辛亥革命时，参加滦州起义。民国后，入川随第十六混成旅参加护国战争。1916年后历任营长、炮兵团长、河南省警务处处长、省会警察厅长、第十一师第二十二旅旅长等职。授将军府将军。1924年，随冯玉祥发动北京政变，囚大总统曹锟于延庆楼，驱逐溥仪出紫禁城。1929年随冯玉祥反蒋，在中原大战中任冯参谋长。战败后，通电下野，举家迁津寓居。1930年，鹿钟麟在天津日租界买下一所砖木结构的三层英式楼房，现门牌为陕西路53号。天津沦陷期间，他的旧居先被日本人占据，后由他的女儿鹿乃萱卖给日本人。抗战胜利后，兵役部撤销，鹿钟麟以华北宣抚使名义到天津。他只有中央委员及战略顾问委员会两个空衔，不久冯玉祥和蒋介石闹翻后，鹿无心再做官，遂回天津寓居。回到天津后，他仍住在陕西路53号旧居，过着隐居的生活，直到天津解放。后迁到大理道18号，这是砖木结构

鹿钟麟

的两层连排式楼房，属于义生里，线条简洁，朴实无华，设施完善，居住舒适。中华人民共和国成立后，鹿曾任全国政协委员、国防委员会委员、天津市人大代表、天津市政协委员等，曾受毛主席接见。

在中国近代史上，鹿钟麟是一个值得记载的人物。1924年，他随冯玉祥发动北京政变，任国民军第一军第一师师长，兼任京畿警卫总司令、京师警察总监。在“北京政变”中，他率部队进入北京城，不费一枪一弹，仅三天就控制北京全城，并囚禁曹锟于延庆楼。11月5日，鹿钟麟带领军警等二十余人，根据修正《清皇优待条件》，直入清宫紫禁城，亲自将中国末代皇帝溥仪及皇室成员驱逐出宫，从此彻底结束了中国长达2000多年封建统治。当年年底孙中山北上，鹿钟麟受冯玉祥之命，负责孙先生的接待及警卫。

1949年天津解放，鹿钟麟第一个打开大门，请解放军进屋休息。但解放军不肯进屋，只暂用楼道休息，这使鹿钟麟非常感动。他对夫人说：解放军纪律严明，爱护老百姓，这是国民党军队无法比的。后来，解放军在清理国民党军队残留官兵时，认为鹿钟麟是国民党的“大官”，遂将他带到了军管会。军管会主任黄克诚听说后，批评了执行任务的战士，并亲自向鹿钟麟道歉，还派车将他送回了家。不久，毛泽东主席和周恩来总理派南汉宸同志专程来津看望鹿钟麟，使他深受感动。为了表达对中共领导人尊重、关心民主人士的谢忱，鹿钟麟将自己在抗日战争中杀过日寇的一柄战刀托南汉宸同志转送给毛主席。毛主席接到战刀后非常高兴，表示日后约见鹿钟麟先生。这些事情使鹿钟麟深受鼓舞，他决心在有生之年为社会多做些有益的事情。当时鹿钟麟已到古稀之年，他自愿以一个普通公民身份出来协助政府开展街道工作。街道工作烦琐而细致，鹿钟麟不辞劳苦，他入户宣传爱国卫生运动，积极做好防火防盗，为办学四处

大理道18号鹿钟麟故居

奔走。抗美援朝时期，鹿钟麟先生被选为第十区捐献推动委员会委员，他不但自己带头捐献，还走街串巷地入户宣传，为群众读报，发动市民大力捐献，支援抗美援朝。义生里管片有许多楼房，为了搞好入户宣传，他不顾年迈，上楼下楼，一趟趟跑。有一次在上香港大楼的楼梯时，他不幸把脚扭伤，但仍坚持工作，“不下火线”。他的热诚和积极工作的精神得到大家一致的好评。

1954年金秋时节，正值第一次全国人民代表大会召开前夕，当时的天津市委统战部部长来到义生里看望鹿钟麟先生，并告诉他：党中央请您做点事。不久，毛泽东主席正式任命鹿钟麟为中华人民共和国国防委员会委员。他听到这个消息后万分激动，对共产党的信任非常感激。后来，鹿钟麟赴京参加了颁发任命书大会，会后又受到毛泽东主席接见和宴请。席间，鹿钟麟代表义生里街全体居民转达了对毛主席的问候。毛主席高兴地对鹿钟麟说：您成了办街道工作的专家了，请代表我向义生里街全体居民同志们问好。接着毛主席又说：开全国政协会议时，要请您向大家介绍经验，让大家向您学习。这次接见给了鹿钟麟很大的鼓励和鞭策，更坚定了他做好街道工作的决心。当鹿钟麟向义生里街全体居民讲述被接见的经过和转达毛主席的问候后，义生里的居民们打起了欢乐的锣鼓。1956年，《团结报》发表了《鹿钟麟同志在街道工作中》的专题报道，引起很大反响。1966年1月11日，鹿钟麟先生因病去世，享年82岁。

在中国近代史上叱咤哪风云的鹿钟麟先生，在晚年以一介平民百姓的身份，做着默默无闻的街道工作，造福百姓，确实难能可贵。

# 第七节　徐世章献宝

徐世章

徐世章（1886—1954），字瑞甫，号濠园，天津人，徐世昌十弟，北京同文馆毕业。毕业后入比利时里达大学，获商业学士学位。1920年任交通部次长。1922年随徐世昌下台而去职，回天津当寓公。徐世章是著名收藏家，1954年他去世后，后人遵其生前遗嘱，将所藏宝贵文物及书籍共2549件全部捐献给国家。徐世章在五大道有旧宅三处。第一处位于香港道西端（现睦南道126号），建于1922年，现天和医院办公楼。该宅为英庭院式两层砖木结构楼房，摩登风格。内装修部分欧式，部分日式。一楼书房有古希腊风格的壁挂式烛台，用汉白玉制作而成。门上亮子有精美中式玉雕，人物栩栩如生，现保持完好。第二处位于大理道26号至28号，为两层砖木结构的欧式楼房，建于1922年。该处宅子平面呈正方形布局，红砖清水墙，条石台阶，大筒瓦坡顶，正中开天窗，风格简洁朴实，内装修精美，现为办公用房。第三处住宅则位于马场道58号，砖混结构，为欧洲乡村别墅式三层楼房，建筑面积748平方米，外墙红砖清水兼水泥饰面，多坡红瓦顶，立面逐层收分，错落有致，风格明快。

睦南道126号徐世章旧居

徐世章是著名收藏家，一生博雅好古，所收藏的古物，数量之多、种类之繁、物品之精，可谓名闻遐迩、誉满津门。其藏品以藏砚为最著名，他曾名其书室为“宝砚室”，著有《濠园砚谱》。他为爱砚刻了许多闲章，如“濠园宝比过明珠骏马”“如此至宝存岂多”“所宝唯砚”“闲人以砚为忙事”等，其心境可见一斑。徐世章为获一方名砚，不惜花费重金。如明代顾从义的“石鼓砚”为砚中极品，他心仪已久。1935年冬他专程去北京拜访了收藏者李氏，但在谈价格时，被一个商家高价购去。徐世章不得不出更高的价格购得，这其中经过许多曲折。“石鼓砚”终到手，他激动万分，特请其兄徐世襄为收藏过程作了题记，以记其详。

除藏砚以外，他酷爱古玉。自商周至明清应有尽有，藏品系统地反映了我国玉雕的发展史，累计藏珍品600余件。1984年，天津艺术博物馆举办“历代玉雕”陈列，其展品大多来自徐世章。除了收藏之外，徐世章还为其叔族祖徐士銮刻印了《医方丛话》《宋艳》和《敬乡笔述》几部书。

1953年冬，徐世章卧病不起，遂对子女说："我毕生致力于收藏文物，几十年呕心沥血，终于使之由分散变为集中，如传给你们势必由集中转为分散。我考虑再三，只有捐献给国家，才能易于保管，供全社会、全民共同欣赏。"1954年徐世章去世后，其后人遵照其生前遗嘱，将所藏古物经文化局专家精选后共2549件全部捐献给国家，其藏品现藏于天津博物馆。其中古砚、古玉最成系统，雄居国内各博物馆之冠。

徐世章作为收藏家，还努力保护民族文化。在旧中国，他断然拒绝美国财团出价百万购其文物的要求。在天津解放前夕，有人劝他携宝出国，但他婉言谢绝。他说："中国古代文物遗产绝不能从我手中流散国外。"他是这样说的，也是这样做的。1999年金秋时节，为纪念徐世章诞辰110周年暨捐献文物45周年，天津市特举办纪念仪式及部分精品文物展出，为期一个月，盛况空前。时任全国政协主席李瑞环题词："珍宝无价，爱国情操"，以示表彰。

# 第八节　张作相拒任伪职

张作相

张作相（1881—1949），字辅忱，辽宁义县人，上过私塾、也当过泥瓦匠。早年与张作霖、汤玉麟等人在奉天北镇成立地方保安队，推张作霖为统领。在一次地方保安队之间的交火时，张作相在枪林弹雨中，冒着生命危险救出张作霖，从此二人成为患难之交，以至于以后张作相成了奉系副帅。1911年，张作相在东北讲武堂毕业，后历任军职。曾任吉林省保安司令、吉林省省长，热河沦陷后去职。1933年来天津英租界寓居，住剑桥道（现为重庆道4号，办公用房）。其旧宅首建于1913年，由法国建筑师设计。1929年大修改建，整体为西洋古典风格，三层砖木结构，带地下室，建筑面积2010平方米。外檐墙凹凸多变，镶嵌水泥花饰，墙面有水泥断块。三槽方窗和拱形窗，形成形体对比。一楼大客厅60多平方米，有罗马柱拱券，花饰柱头，由比利时生产的巴洛克式大玻璃镜。整幢楼房欧陆风情浓郁，设施完善，保存完好。

天津沦陷后，日伪曾劝张作相出山，出任伪职，均被他严词拒绝，使他在晚年保持了民族气节。九一八事变后不久，日本人即委派吉林道尹蔡运升来天津，请张作相回东北三省主政，并派轮船去接，但遭到了张作相的拒绝。后日本人侵占华北后，又想利用张作相的威望积极物色代理人，鉴于伪满洲国国务总理张景惠与张作相原是“金兰之好”，张景惠即派伪满洲国财务次长洪维国和日本人风旗顾问、本乡大佐来津，邀请张作相出山，主持华北政务，张作相连称自己年老体弱，不能胜任，让张景惠碰了个软钉子。在敌伪都打张作相主意之时，南京国民党政府深为疑虑，恐慌张作相附逆，影响巨大，乃派特使蒋伯成来津秘访张作相，张作相表示决不附逆叛国。1942年，汉奸洪维国又一次来津，请张作相担任华北防共委员会主任委员，遭张严词拒绝。此后，洪维国又会同伪满实业厅长孙福臣来津，游说张作相与日本人合作共同反蒋，但张作相不为所动，使日伪的如意算盘落空。日伪一计不成，又生一计，洪维国遂冒险用张作相名义，组织一些东北军将领通电倒蒋。蒋介石阅电后大怒，遂命令何应

重庆道4号张作相旧居

钦将张作相就地处死。但何应钦为人稳健，电嘱河北省主席于学忠密查，最后把真相弄清，使张作相免去一次杀身之祸。以后，日本及伪满派人屡来恫吓，又在张氏的住宅贴上封条，而张作相仍然拒绝出山担任伪职。在诱降张作相时，日军曾派人将张在沈阳、吉林的箱柜什物送往锦州"福厚堂"（张作相寓所）交其亲戚点收，以讨好张作相。张作相闻讯后，立即告诫家属子女，一律不准挪动，以示不受拉拢。

张作相在津因住得太挤，曾在摩西道（现南海路）租房，不久又买了西芬道（现湖南路6—14号）4、6、8号几所旧的小洋楼，其大儿子廷阑一家和侄儿廷举、廷禹等在此居住。1938年他在英租界西德尼道（现澳门路12—22号）盖成了六栋小洋楼，盖房款有张学良支援的六万元。因张作相早年当过泥瓦匠，澳门路的小洋楼是他提出的式样，让建筑师设计的。六栋楼靠马路四栋，里面二栋。六栋式样基本相同，均为二层砖木结构，带地下室。每层四间，两大间加两小间，有卫生间、厕所，有前后小院。盖这几所房子时，他每天都来看，特别感兴趣。盖成后，他把住在重庆道的子女都分散了出来。

1945年，日本投降。该年底，蒋介石来北平，曾在中南海怀仁堂设宴招待北方高级军政人士，张作相受到蒋介石的接见。回津后，天津市市长杜建时亲来拜访，请他出山。不久，南京政府委任张作相为东北行营政治委员会委员。张本无心任此职，但他想念关东父老，并想借此出关，办理前被敌伪没收的房地产，以便维持全家70多口人的生活，就勉强任职。当人民解放军解放锦州的战役打响后，他还在锦州，南京政府电嘱他赴南京，他托故不去。

锦州解放，张作相被俘，家人担忧不已，但他却出乎意料受到解放军的礼遇，林彪曾接见他，并派人用汽车由热河护送回津。张对家人极赞解放军的宽大为怀。南京方面知其回津，又委为国民政府国策顾问，并令他去南京，而张作相仍置之不理。张作相的次子张廷枢，曾任晋东南八路军第一游击纵队司令员，后因肝病返津。天津解放后，周恩来总理曾派人来天津家中探视。1949年4月前后，一门两将，张作相父子均病故于天津重庆道4号寓所。

# 第九节　双塔楼往事

在五大道中的重庆道全长1432米，以威灵顿路（现河北路）为界，西部称爱丁堡道，东部叫剑桥道。在重庆道上，既有连排式、组团式、里弄式的公寓楼，也有不少庭院式、别墅式的单所小洋楼。其中双塔楼是非常独特、漂亮的。

重庆道 23 号孟恩远故居

重庆道23号是一所豪华典雅的四层楼房，号称“双塔楼”。这座楼为砖混结构，属于象征主义建筑，西洋双塔式风格，造型别致、外观雄伟。该楼建于20世纪20年代，据说该楼是由一个英国建筑师设计的，设计理念来源于英国首都伦敦泰晤士河上的双塔桥。原楼房计有16大间、16小间，4间厦子、4间前厅和1间车库。1976年地震后，该楼有所损坏，后又原样修建，增建了部分平房。后来是东海渔村和演歌台，为餐饮娱乐的场所。楼房为正面，西侧是演歌台，经常邀请一些著名歌手和乐队前来演出。楼内安装了电梯，装潢十分豪华。这处楼房是北洋政府时期的吉林督军孟恩远下野后寓居的地方。

孟恩远

孟恩远，字曙村，天津人，生于1858年。早年家贫，以卖鱼虾为生。由于生计艰难，后入淮军当兵。1895年，进入天津小站的“新建陆军”。后历任清朝右翼骑兵营队官，北洋第四镇马标标统、直隶巡防营统领、南洋镇总兵等职，一步步由兵到有官职。1908年，任吉林巡防营督办、北洋陆军第二十三镇统制。1912年民国成立，任中央陆军二十三师师长，旋升任吉林护军使，授陆军中将。1914年6月，升镇安左将军督理吉林军务善后事宜。袁世凯称帝，被封为一等伯，袁死后转投皖系。1916年7月任吉林督军。1917年7月张勋复辟，任吉林巡抚。张勋失败后，位列将军府将军，授惠威上将军，又转而倾向冯国璋。1919年，为奉系张作霖所迫去职，回天津做寓公。该房建于20世纪20年代。孟恩远建成后即寓居于此，并投资经营面粉、棉纱等工商企业，如投资天津市面粉大王之一的福星面粉公司，生产著名的蝙蝠牌面粉。

该房系孟恩远下野后，因为孟恩远之子孟庆延故去，此后便更名至过继子孟繁钰名下。1950年5月9日，孟繁钰将该房出售给天津市房管局，以后一直由中波海运公司办公使用。中波海运公司是新中国成立后第一家中外合资的海运公司，其宿舍位于五大道地区的马场道与云南路口，是一片组团格局的现代风格的建筑，建于20世纪50年代，用的是苏联的建筑图纸，阳台的门窗套有一些中国传统的建筑元素符号。现在，这些房屋保存较好，是五大道世界建筑博览会的组成部分。

1958年，周恩来总理曾来到天津重庆道23号，与时任波兰总理的西伦凯维茨会见。那是春天的一个下午，天气晴朗。当周总理从汽车中走出来时，重庆道上已聚集许多群众。人们争先恐后地想看看周总理，这时一位工作人员对大家说："同志们静一静，周总理公务很忙，请大家不要在这里等候了。"聚集的群众听到这话以后，慢慢地散去了。但周总理那和蔼亲切的笑容，却永远留在天津人民的记忆与怀念里。

该楼后改为中国外轮代理公司天津分公司，前些年才移作他用。

# 第十节　金梁当寓公

金梁

金梁（1870—1960），号息侯，浙江杭州人，满族。光绪辛丑年（1901）举人，甲辰科进士，授编修。曾任京师大学堂提调、内城警察知事、民政部参议。他曾于1908年典守沈阳故宫古物，恪尽职守。他曾任张作霖府上的家庭教师，教过张学良、张学铭兄弟。九一八事变后，日本人扶持溥仪当了伪满洲国“皇帝”，封金梁为内务府大臣。他审时度势，考虑再三，觉得应以民族大义为重，绝不能担任该职。但“皇帝”的圣旨是违抗不得的，思来想去，最后只有三十六计——走为上。他冒着生命危险，拖家带小从东北逃出，几经曲折，来到天津。建房是来不及了，他便在英租界赁房而居。其旧宅位于爱丁堡道，现为重庆道52号，该房建于20世纪20年代，是砖木结构的连体楼房，呈座椅型，坐北朝南，朴实无华。外跨水泥楼梯直上二楼，拱形门厦，铁艺术门，三槽窗。一楼为平窨子，楼内房间宽敞，设施完善，住用方便。金梁身为遗老，名声很大，因此日伪也没能放过他。来津寓居不久，汉奸王揖唐劝其出任伪职，被他严词拒绝。后来，日本侵华特务头子土肥原贤二亲自上阵，到金梁家访问，其阴险毒辣的嘴脸逐渐暴露出来。在家宴中，土肥原贤称将要发动一场大东亚战争。金梁神态严肃地说:“如果那样做，你们必定灭亡。”结果两人不欢而散。

金梁到津时，已年过花甲，身子骨也还硬朗。他在天津住洋楼，生活上安排得很有条理。金梁能文、工诗、善书法，以写作为乐。在津几年时间，他著有《瓜圃述异》《老宣小记》《旧朝纪闻》《近世人物志》等书，自费由《大公报》印刷出版。抗日战争时期，他在津低调行事，只写些小文章。平时以写字作画、友朋之间的诗酒唱为主要生活内容。金梁擅画松，他倾慕松的四季常青、不怕严寒。山中劲松，千姿百态，他画得颇有气势。其夫人李宜卿也善画，但只画翠竹，她爱竹的青翠挺拔和高风亮节。金梁书法

重庆道 52 号金梁旧居

的造诣很深，很多人都来向他求字，以致有人伪造他的书法作品。

金梁在津并不寂寞，其中来往最密切的当属陈一甫和章一山。陈一甫(1869—1948)，名惟壬。以父荫官直隶，曾任北洋海防、海关监督、电报学校总督察等职。1905年赴日考察机器工业，归国后担任启新洋灰公司坐办，开平矿务局坐办、滦州矿务局坐办，均为副职。1932年升任启新洋

灰公司总经理。章一山（1861—1949），光绪三十年（1904）进士，授编修。辛亥后退居津门，以遗老自居，曾参与宗社党复辟活动，著作有《康熙政要》《一山文存》等。

文人中关系密切的有赵元礼和私淑弟子、名书法家吴玉如先生。赵元礼（1868—1939），字体仁，又字幼梅，号藏斋，天津人。他是近代文化名人，与华世奎、严修、孟广慧并称为当时津门四大书法家，有《藏斋居士临观海帖》传世。著作有《辽东集》《辰巳集》《无味集》《藏斋集》《藏斋诗话》和《藏斋随笔》等。与金梁来往较多的还有金钺。金钺（1892—1972），字浚宣，号屏庐，天津人，监生出身，清末曾任民政部员外郎。辛亥革命后，耻为袁世凯政权服务，赋闲家居，以读书自娱。金钺一生编刻天津地方文献数十种，对桑梓文化的保存和传播作出重要贡献。金梁、金钺、章一山曾组织"俦社"和"天津保婴会"等社团组织。"俦社"是天津遗老的组织，其口号为"拥徐（世昌）迎驾（溥仪）"，在当时的社会有一定影响。主要成员有金梁、金钺、章一山、杨味云、孙保滋、丁佩瑜、陈葆生、林芷馨、蒯若木、李又尘、王伯龙、张一桐、林笠士等。"俦社"成立之初有其政治倾向，但因无所作为，后成为普通的诗词结社。"天津保婴会"是20世纪40年代成立的，由金梁、金钺、丁佩瑜、王伯龙等人发起组织。作为一项慈善事业，该会组织健全，有董事会、干事会等办事机构，负责弃婴的管理和领养，地点位于英租界十九号路同德医院（现河北路新华职工大学附近）。

金梁爱好京戏，曾将女伶金又琴收为弟子，授以诗书，金又琴本来默默无闻，经金梁提掖，遂名声大噪。金梁还与程砚秋、尚小云、荀慧生、马连良等京剧名家友善，经常来往。中华人民共和国成立后，金梁虽已高龄，但身体尚健，迁居北京，被请到北京任政府文物组顾问，后为文史馆馆员，著有《雍和宫》《三坛》《大北京》等文稿。

# 第十一节　龚心湛的晚年生活

龚心湛

龚心湛（1871—1943），字仙舟，安徽合肥人。清末监生，后入金陵同文馆，习新学、攻外语。曾任驻英、法公使馆随员八年。1898年回国入仕途。1915年任采金局总办，后任北洋政府财政部次长兼监务署督办。1919年任财政总长兼代国务总理。1924年任内务总长。1925年任交通总长。1926年退出政界，到天津英租界寓居，并经营实业。其旧居位于英租界爱丁堡道（现重庆道64号），建于1926年，为西洋古典建筑风格，砖木结构，三层。墙为混水抹灰，大屋顶。占地面积为1467平方米，建筑面积为1145平方米，房屋53间。龚心湛后人龚安惠于1953年将该房售于中华全国体育协会，后由天津市委幼儿园使用，内装修改变很大。

1926年2月，陆军总长贾德耀组阁，龚心湛蝉联交通总长。至5月，龚心湛随着贾内阁的倒台而去职，再度回到天津做寓公，从此远离政治。返津后，龚心湛再度与周学熙合作，先后任中国实业银行、通益味精公司董事长，大陆银行、中孚银行、启新洋灰公司、永宁水火保险公司董事等职。

周学熙自袁世凯掌政时期，即以财政总长身份创办了多项近代工业，其中包括官办、官商合办和私人集资，股东大多是旧官僚、盐商、地方富绅等。多年来，各企业内部矛盾重重，风波迭起。周学熙认为龚心湛性情温和、善于理财、社会声望高而又不独断专行，往往可以代他出面化解各种争端，因此两人在长期合作中工作顺利。与此同时，龚心湛还在家烧香拜佛，过着居士生活。1940年，鉴于大悲禅院远近闻名，各方云游至津的僧人、信徒均来这里参拜，于是请天津籍高僧倓虚法师（1875—1963）主持，向社会募款，扩建大悲禅院。大悲禅院民国后曾长期被法院、消防队、警察所等占用，僧人星散，殿宇摧颓，濒于湮灭。当时龚心湛、周叔迦、靳云鹏等著名居士共同发起，前后奔波，向有关方面交涉收回大悲禅院。在倓

重庆道64号龚心湛故居

虚法师主持下，多方筹划，并集资修复，经过七年的苦心经营，完成大悲殿、配殿及大雄宝殿的修建工程。作为一名居士，龚心湛积极捐款，把钱用在弘扬佛教文化事业上，这不能不说是对社会的一种贡献。

卢沟桥事变后，日本侵略军占领了华北，企图网罗旧时的军政要员组织汉奸政权，由于龚心湛的地位和威望，敌人也在打他的主意。1940年3月，汪精卫在南京建立伪中央政府，原设在北京的伪临时政府改称“华北政务委员会”，日寇动员龚心湛出山主持华北伪政权。龚不受威逼利诱，保持了晚节。后来，被强行扣上一顶华北政务委员会咨询委员的头衔。

不仅如此，龚心湛经营的各项工商企业也成为日军觊觎的目标，日本轻工业株式会社强行拆走了江南水泥厂的电机、钢磨等。为维护自己企业的利益，龚心湛各方奔走，要求归还终未有成。龚心湛最终积劳成疾，在病中仍备受日寇的迫害和侮辱，于1943年12月死于津沽寓所，终年74岁。

# 第十二节　抗日将领关麟征

1938年，在台儿庄血战中，负责攻击日寇的国民党部队五十二军被当时国内外军事评论家称为“关铁拳”，这“关”字是指时任军长的关麟征。关麟征（1905—1980），原名志道，字雨东，国民党陆军中将。他是陕西户县（今鄠邑区）今人，生于1905年4月18日。其生于一个耕读传家的农民之家，家境贫穷。中学时，他因家庭变故负债，中途退学。从少年时代，他便立志弃文学武，而后终于投笔从戎。1924年，他顶替一个叫吴麟征的同乡，改名关麟征，前去广东投考黄埔军官学校，经考试，成为第一期学员。关麟征被分配到步兵科第三队，并参加了国民党，同年12月毕业。从黄埔一期毕业到1949年，他经历东征、北伐、抗日战争，他率部在长城古北口和台儿庄与日寇浴血苦战，并重创敌军。

关麟征

早听说关麟征在天津有旧宅，但不够确切。作者经过走访和搜集一些零星资料，确认关麟征旧宅位于英租界加的夫道，即现在和平区长沙路95号。关麟征旧宅曾主要由其家眷常住，他也住过几次。旧宅是一处砖木结构的英格兰庭院式建筑，占地面积1608平方米，建筑面积2708平方米，有主楼、配楼、后楼各一幢。主楼朝西南，三层，立面一侧为独特的半圆形。楼内房间宽敞明亮，钢窗、菲律宾木地板、实木门，室内天花板上有方形和圆形灯光灰线，装修讲究。该宅主楼一楼有客厅、饭厅、书房；佛堂位于一楼至二楼转角处，窗朝东北，房间稍暗，有20多平方米；二楼、三楼主要是卧室和书房房间较大。配楼为红砖清水墙，房间稍小，装修一般。主楼和后楼之间有平台相连接，后楼的房间进深较小。该处旧宅院落宽敞，院内有草坪、花坛和鱼池。现在，配楼因破旧已拆除，建起新颖的现代风格办公楼。

1948年8月，李宗仁担任国民党政府代总统时，关麟征被任命为陆军总司令。这年秋季，他便辞了职，退出军界，并把一家老小送到中国香港居住。11月，关麟征携夫人从成都乘飞机前往中国台湾。在香港机场小憩时，他告诉同机旅伴“去探望病中的父亲，随后来台”。但此后并未去台湾，而是一直居住在香港。关麟征在香港，深居简出，闭门谢客。他从不参加任何政治性的集会和社会活动、不会见新闻记者，不在报刊上发表任何言论，过着“隐士”式的生活。他“无官一身轻”，以读书、写字为乐趣；生活有规律，洁身自好，每日早睡早起，不吸烟、不喝酒、不打牌；对中国古书熟读深研，书法造诣颇深。他的草书曾参加过香港大会堂的展出。1972年，他在夫人、女儿的陪伴下前往美国、欧洲各地旅游，历时月余，然后返港。

关麟征虽身居香港，但他非常关心内地、思念故乡、每当他从香港《大公报》《文汇报》上读到内地经济建设欣欣向荣的报道，总是倍感高兴。1979年5月，他在内地的妹妹关梧枝赴港探亲。在火车站，30多年未见面的兄妹抱头痛哭，千言万语一时竟不知从何说起。当关梧枝向他介绍内地的变化——日新月异的经济建设和文化教育情况时，他兴致勃勃，并且经常插话说:“对！就应该这样办！”关夫人对关梧枝说:“几十年来，没见过你大哥这么高兴过。”关麟征对中国共产党十一届三中全会后实行的政策表示赞赏。1979年底，他得知在故乡的关梧枝当选为省政协委员，在给内地友人的信中写道:“梧枝妹谬获拔擢，尚望兄多多指教，使无负于政府和人民之所托，是为至盼！”他关心在内地的黄埔同学、军界故旧。他希望早日结束台湾同祖国大陆分离的局面，实现祖国统一大业。他曾对妹妹说:“我是炎黄子孙，我盼望祖国早日统一啊！”

长沙路关麟征旧居

1980年7月30日凌晨1点多钟，香港伊丽莎白医院，一位年过古稀的昏迷老人被送进来，这位老人就是关麟征。医生护士在抢救过程中发现他胸前伤痕累累，感到惊讶。关夫人介绍说:“这些伤痕是他抗日浴血奋战所伤。”当年8月1日，关麟征逝世。中央人民广播电台、《人民日报》和全国各大报纸都登载了他逝世的消息。徐向前元帅向他在香港的家属发去了唁电:“噩耗传来，至为悲痛，黄埔同窗，怀念不已，特此致唁，诸希节哀。”

# 第十三节　曹锟保持晚节

曹锟

曹锟（1862—1938），字仲珊，天津大沽人。他幼年失学，以贩布为生。1882年投淮军当兵，后入天津北洋武备学堂，1890年毕业。继而在袁世凯新建陆军任职。1912年民国成立后，任陆军第三师师长。1916年任直隶督军，1917年兼任直隶省长。1923年贿选当上中华民国第五任大总统。1924年第二次直奉战争，冯玉祥发动北京政变，囚曹锟于延庆楼。获释后，辞职，随后寓居天津英租界。曹锟在天津有三处故居。一是河北区黄纬路的曹家花园（现254医院），该址原为孙（仲英）家花园。园内有山有水，有亭有桥，有花有草，园内宽敞，景色优美。其主要建筑曹公馆，是一所中西合璧的三层庭院式楼房。房侧有一幢豪华的“会宾楼”，据记载，北洋军阀七次重要的军事会议均在这里召开。院内还有两幢欧陆风情的别墅式楼房，分别是公子楼和小姐楼。1924年，奉系军阀占据天津，张作霖进住，这里成为“张大帅公馆”。1928年6月4日，张作霖在东北皇姑屯被日本人炸死，这里又成了曹公馆。

曹锟有四个老婆，原配为郑氏，后娶高氏，三夫人为陈寒蕊，四夫人为坤伶刘凤伟。1925年，曹锟先与陈寒蕊居住在盛茂道公馆（现河北路211号新华职工大学址），后与刘凤伟住在达克拉道与摩西道交口处的山泉里公馆（现洛阳道45号，南海路2号的文化局幼儿园址）。盛茂道公馆主楼是一幢英格兰庭院式的楼房，三层，砖木结构，院落有太湖石和院府海棠装饰的花园，有房屋百余间。现洛阳道的旧宅是砖混结构带地下室三层小楼，意大利风格，建筑面积1244平方米，正立面中部前凸，腰线上下均有立柱支撑，顶层四坡出檐，外墙镶有黄色瓷砖，菲律宾木门窗，装修高级。该宅一楼有大客厅有80多平方米，点缀着廊柱，十分罕见，也很精美。

曹锟当寓公后，成了一介平民。他的主要生活内容是书画、打拳、会友和聊天。由于其北洋故旧大多住在天津，于是接待和陪客用去他很多时间。曹锟寓居天津以来，非常平民化，平时一点架子都没有，和街坊邻居也很友善。夏日里，他穿着简单的便装，在门口和老百姓聊天，非常随意。1931年九一八事变后，日本人占领了东北、华北的大片土地，他们网罗汉奸及社会上有声望的人物，妄图采取“以华制华”的策略，建立伪政

洛阳道曹锟故居

权。因此，日本特务把动员工作的重点锁定在曹锟身上。日本特务头子土肥原贤二亲自策划了对曹锟的诱降工作，并先后派几个日本人去曹宅探访，邀请其出山，但均遭到严词拒绝。土肥原贤二一计不成，又生一计，又派出曹锟的老部下、汉奸齐燮元、高凌慰，想让曹锟出山当傀儡。但曹锟一直不为所动，结果他们一个个吃了闭门羹。曹锟于1932年12月过完他的七十大寿后一直没有参与任何政治活动，只过着一介平民的生活，他安静地度过了七秩之后的日子，于1938年5月16日在山泉里曹公馆病逝，终年76岁。1938年6月，国民政府对曹锟保特晚节给予褒奖并被追认其为陆军一级上将，颁赠"华胄忠良"匾额一方。

曹锟在饮食方面很随意，但他每顿饭都要喝上一点白酒，主要是喝天津产的直沽白酒，偶尔也买上一两瓶洋酒。曹锟晚年信佛，他经常到大悲禅院烧香念经。他请人画了一幅表现孔、孟等人功绩的《圣迹图》，每晚都要在《圣迹图》前朝拜。晚年的曹锟特别爱听河北梆子，有时来了兴致，自己也哼上几段。曹锟的主要精力是放在练书法和画画上。他每天早上先到院中练武术，然后回到屋里练气功。吃过早饭，他便开始练字和画画，有时一进画室就是好几个小时，真正到了废寝忘食的地步。曹锟最爱画国画，尤其擅画梅花。他最得意的是用一笔写成一个虎字。每逢亲朋好友向他索字时，他就一笔呵成一个"虎"字，身旁的人见状都啧啧称赞这"虎"字写得苍劲有力。曹锟写完字，还要精心地在条幅的右上角盖上图章，然后署为名"乐寿老人"或"渤叟"。

# 第十四节　马占山津门遇三险

位于五大道上的湖南路，是一条比较短的路。路的北侧有一幢独所的灰砖楼房，原门牌是英租界46号路燕安里40号，即现在的湖南路11号。这是建于20世纪20年代的砖木结构楼房，主体二层，局部三层，带地下室，属折中主义建筑风格。这幢普通的楼房，是近代史上风云人物马占山的故居。20世纪30年代中叶，著名东北将领马占山曾寓居津门。除前述住宅外，他在五大道住过的另两处住房——大理道9号和30号。

战场上的马占山

马占山（1885—1950），祖籍河北丰润，生于吉林怀德。幼时家境贫寒，年轻时曾啸聚山林，后被官军收编为衙门哨官。1931年九一八事变后，代理黑龙江省主席的马占山临危受命。11月4日，马占山率部与日军血战嫩江铁桥阵地。“江桥保卫战”对日首战告捷，国人激愤，马占山一时声名远播，连“马占山”牌香烟也很热销。江桥血战，日军受阻，但日军依靠其军事优势，在飞机掩护下步步进逼。战至11月18日，马占山部伤亡惨重，又无援军。19日，日军占领齐齐哈尔。马占山率部到黑龙江海伦建立省政府。该年底，南京国民党政府任命马占山为黑龙江省政府主席。马占山于1932年4月7日带亲信随从200余人抵黑河，通电全国，再揭抗日旗帜。苦战半年多，终因势单力薄退至拜泉。12月7日，马占山等退入苏境。其后，马占山和苏炳文一行在游历了苏联和欧洲部分国家后经中国香港回到上海、南京。蒋介石对马占山继续抗日的要求置之不理，马占山万般无奈之际，只得北上天津寓居。他寓津的时间是1933年夏至1936年冬。

马占山居津期间，日本特务川岛芳子、团伊玖磨对马占山策划了一系列的罪恶阴谋，妄图得到从战场上得不到的东西。日本特务花样翻新地想在身体上消灭他、在精神上折磨他、在名义上败坏他，最终目的是置他于死地。马占山身处逆境，屡遭不测，先后发生日特谋杀、绑架儿子马奎、无赖老汉冒充马父等事件，可以说是连遭三险。

起先，当日本特务了解到马占山来天津的消息后，便想暗杀他。日本特务成立了由七男一女参加的暗杀小组，组长是绰号“死神”的团伊玖磨。他们租用了距马占山寓所仅两米多的燕安里1号小楼。准备用手榴弹炸和打黑枪的方式暗杀马占山。时任河北省主席的于学忠是马占山好友，把保卫工作做得很周密，才几次化险为夷。当时，任天津市公安局侦稽总队队长的解方，奉于学忠之命保护马占山，他和马占山的卫士长杜海山密切配合，连续两次破获了暗杀马占山的特务行动。1933年除夕中午，正当马占山在张作相家打牌之际，马宅来了一个不速之客，是个青年人。他对卫士长杜海山说:“我姓崔，是日本特务机关的。日本人派我和其他特务共八个人，趁黑夜来暗杀马将军。我知道马将军是抗日的民族英雄，我自己是中国人，受生活所迫，当了日本特务，已经见不得人了，哪能再跟他们干这丧心病狂没有天良的事。所以，特来告诉你们，我愿意协助你们粉碎日寇的阴谋”。大家商量后，认为情况紧急，宁信其有，不信其无。于是一方面嘱咐马占山不要回家，一方面又在现场埋伏了侦稽队，张网以待。最后，除一个日特被当时击毙外，全部逮捕，并处以极刑。马占山对崔姓青年的觉醒和行为，深表钦佩，热诚款待，厚礼相赠。几天后，崔姓青年悄然离津，脱离了日特。

日本特务一计不成，又生一计。1934年深秋，马占山之子马奎在中原公司屋顶花园跳舞时被日特绑架，并开价150万元赎人。马占山虽然气愤，但很精明。他决定以退为进，与敌人斗智。他登报公开揭露日特绑架勒索的罪恶行为，并“郑重”声明：“马奎平时吃喝嫖赌，无所不为，已脱离父子关系，对马奎的一切概不负责。”这个策略果然奏效，日特把赎人价格由150万元降至50万元，马占山还是一分钱也不出。日本特务看到勒索无望，撤掉了宪兵，只让一个邱姓汉奸翻译跟着他。一天，邱翻译的女友来了，两人没说几句话，女子又哭又闹。原来两人未婚先孕有了孩子，急着结婚又没钱办。机警的马奎以出钱让他们结婚为由逃了出来，却并没有出一分钱。马占山秘密安排马奎离开了天津，远赴西北。就这样，马占山又一次粉碎了日特绑架勒索的阴谋诡计。

一波未平，一波又起。1936年仲夏的一天，卫士长杜海山接待了一个衣衫褴褛的老头，自称来自河北丰润，名叫马荣，是马占山的父亲。其实马占山的父亲在东北已经去世多年，坟墓尚在，这分明又是一个日特的阴谋诡计。这个老头每天都来又吵又闹，声称“马占山不认亲爹，忘恩负义，我要上法院告状”。令人奇怪的是，天津的几家报刊将“马占山不认亲爹”的新闻吵得沸沸扬扬，一时津城内外舆论大哗。不料几天之后，天津地方法院竟然将传票送到马公馆，那个叫马荣的老头以“遗弃尊亲”罪名将马占山告上法庭。奇怪的是，本地的律师竟没有一个人为马占山出庭。马占

湖南路上的马占山故居

山感到此事实不简单，遂令秘书杜荀若到北平找来著名女律师纪清漪。纪清漪是清代名臣纪晓岚之后，是一个坚定的具有爱国主义思想的知名人士。赴津之前，纪清漪征求了中共地下党员王梓木的意见。他们分析认为，这不是一件普通的刑事案，是和当时的政治形势联系在一起的，是日本特务的阴谋诡计。奇怪的是，这个平日衣衫褴褛的老头，在法庭上却身着整齐的长袍马褂，一副志在必得的样子。经过几次法庭交锋，女律师纪清漪有理有据，慷慨陈词，原告“马荣”败诉，并被判六个月监禁。六个月后，“马荣”出狱，原本有钱买衣服、请律师的老头，却依旧是一副衣衫褴褛的样子，而且连回家的路费都没有。这一场离奇的官司，原来是日特策划的一次闹剧，策划人便是早已加入日本特务机构的川岛芳子。

当时，天津民众抗日热情十分高涨，在津的东北军人和爱国人士也很多。在津期间，东北爱国人士杜重远、阎宝航、栗又文是马占山寓所的座上客，与之交往甚密。在共产党员孙达山影响下，马承诺联络张学良停止内战，一致抗日。1936年12月，马占山到西安支持张学良、杨虎城逼蒋抗日的爱国行动，参与了震惊中外的西安事变，并在“八项主张”上联合署名。1937年，抗日战争全面爆发，马占山任东北挺进军司令，与日军作战。战线纵横千里，包括大同、绥远、包头、五原、托克托、大青山等地。马占山拥护中国共产党提出的抗日民族统一战线政策，在挺进军中，有共产党员邹大鹏、栗又文，他们帮助马占山抵制了国民党特务的反共摩擦罪恶活动。

抗日战争胜利后，蒋介石想用马部骑兵打内战，任命马占山为松北挺进军司令，但马占山长期避居北平未到东北就职。1948年底，国民党反动统治江河日下，全国解放指日可待，中共北平地下党通过马占山邀请邓宝珊来北平，劝说傅作义放下武器，接受和平。1949年1月上旬，傅作义、邓宝珊、马占山通过商议，决定响应和平号召，宣告起义，北平和平解放。中华人民共和国成立后，马占山寓居北京。1950年11月29日，马占山因患肺癌去世，享年65岁。

# 参考文献

## 专 著

[1] 中国人民政治协商会议天津市委员会文史资料研究委员会.天津近代人物录[M].天津:天津市地方史志编修委员会总编辑室, 1987.

[2] 南开大学校史编写组编. 南开大学校史（1919—1949）[M]. 天津:南开大学出版社, 1989.

[3] 杨立声主编. 中外足坛名人辞典[M].北京:北京体育学院出版社, 1990.

[4] 中央人民广播电台体育部编. 难忘的瞬间:中国体育四十年[M].北京:人民体育出版社, 1990.

[5] 中国体育博物馆, 北京天源国际经济技术信息公司. 世界体坛顶峰的中国人[M].北京:中国国际广播出版社, 1990.

[6] 李辅材, 文福祥, 董尔智等著. 中国篮球运动史[M].武汉:武汉出版社, 1991.

[7] 廖盖隆等主编. 中国人名大词典 · 当代人物卷[M].上海:上海辞书出版社, 1992.

[8] 赵功德,张明金编著.中国人民解放军历史上的七十个军 [M].天津人民出版社,1993.

[9] 中国人民政治协商会议天津市委员会文史资料委员会编. 天津文史资料选辑 第59辑[M].天津:天津人民出版社, 1993.

[10] 梁吉生著. 张伯苓教育思想研究[M].沈阳:辽宁教育出版社, 1994.

[11] 曲世奎主编.体操大辞典[M].北京:人民体育出版社, 1996.

[12] 翟唯佳, 曹宏编著. 中国雄师:第四野战军:名将谱 · 雄师录 · 征战记[M].北京:中共党史出版社, 1996.

[13] 者永平主编. 中国足球百年照片珍藏[M].北京:光明日报出版社, 1999.

[14] 中国人民政治协商会议天津市和平区委员会文史资料委员会编. 近代中国天津名人故居[M]. 天津:天津人民出版社, 2001.

[15] 梁吉生著. 允公允能 日新月异——南开大学校长张伯苓[M].济南:山东教育出版社, 2003.

[16] 章用秀编著. 天津的园林古迹[M].天津:天津古籍出版社, 2004.

[17] 陈锡增编.黄埔将帅[M].北京:当代世界出版社, 2005.

[18] 罗澍伟编著. 引领近代文明:百年中国看天津[M].天津:天津人民出版社, 2005.

[19] 谭汝为编著. 天津地名文化[M].天津:天津古籍出版社, 2005.

[20] 张生会主编. 大众体育(四)[M].呼和浩特:内蒙古人民出版社, 2006.

[21] 天津市档案馆, 天津市和平区档案馆.天津五大道名人轶事[M]. 天津:天津人民出版社, 2008.

[22]〔英〕约翰 · K · 凯迪著. 奔跑人生:埃里克 · 利迪尔.生于中国、献身中国的英国奥运冠军[M].北京:华夏出版社, 2008.

[23] 方征著. 少数民族传统体育学概论[M].北京:中央民族大学出版社, 2009.

[24] 刘伟, 文烨, 陈兴亮主编. 少数民族传统体育教程[M].成都:西南交通大学出版社, 2010.

[25] 吴延龙主编. 居住建筑.1[M].天津:天津大学出版社, 2010.

[26] 欧阳悟道编著. 民国那些腕儿[M].北京：中国华侨出版社, 2011.

[27] 天津日报传媒集团编. 天津小洋楼：名人故居完全档案.第2卷[M].天津：天津教育出版社, 2011.

[28] 天津日报传媒集团编. 天津小洋楼：名人故居完全档案.第3卷[M].天津：天津教育出版社, 2011.

[29] 中国文物学会传统建筑园林委员会主编,《中国建筑文化遗产》编辑部编. 建筑文化遗产的传承与保护论文集[M].天津：天津大学出版社, 2011.

[30] 毛庆根著. 中国“奥运之父”：王正廷传[M].杭州：浙江大学出版社, 2012.

[31] 中共锦州市纪委，锦州市监察局编著. 人民的苹果：“锦州苹果”廉政文化史纲[M].北京：中国方正出版社, 2012.

[32] 周俊旗主编. 建筑 名人 城市[M].天津：天津社会科学院出版社, 2012.

[33] 王亚琼，杨庆辞，罗曦娟主编. 民族传统体育学[M].北京：北京师范大学出版社, 2013.

[34] 黎细玲编著. 香山人物传略.3[M].北京：中国文史出版社, 2014.

[35] 方兆麟著. 缀瓦集：方兆麟文集[M].天津：天津人民出版社, 2015.

[36] 金彭育，金朝.五大道[M]. 天津：天津人民出版社, 2015.

[37] 金汕著. 当代北京体育场馆史话[M].北京：当代中国出版社, 2015.

[38] 万鲁建.九河寻真.2014[M].天津：天津古籍出版社, 2015.

[39] 天津市国土资源和房屋管理局，中国文物学会20世纪建筑遗产委员会编著. 问津寻道：天津历史风貌建筑保护十年历程[M].天津：天津大学出版社, 2016.

[40] 张弘武，钱亚妍主编. 天津历史风貌建筑导游[M].北京：中国建筑工业

出版社, 2016.

[41] 中共天津市和平区委宣传部，天津市和平区政协文史委，天津市和平区文联编. 中国 · 天津:五大道一百个故事[M]. 天津:天津人民出版社, 2016.

## 论 文

[1] 张玉芳.中国第一家体育用品厂的兴衰[J].文史精华, 1997(08):3.

[2] 金彭育.天津房屋历史纵览[J].城市,1999(04):52–54.

[3] 吴兰芬,姚宏茂.王正廷与近代中国体育的发展[J].体育文化导刊,2004(08):67–68.

[4] 路红,李如.天津近代风貌建筑[J].天津建设科技, 2005, 15(01):19–26.

[5] 高秀玲. 天津市历史建筑保护与再开发管理模式研究[D].天津大学,2007.

[6] 张绍祖.中国奥运之父、著名外交家王正廷(上)[J].天津政协公报,2008(05):30–41.

[7] 张绍祖.中国奥运之父、著名外交家王正廷(下)[J].天津政协公报,2008(06):41–46.

[8] 何立波.情系体育运动的邓小平[J].党史博览, 2008(8):7.

[9] 周利成.中国体育天津领跑——天津近代体育的20项全国第一[J].天津档案, 2008(08):3.

[10] 何杨琼. 曹锟晚年生活:喝粥也不当汉奸[J].纪实, 2010(11):10.

[11] 马樱健."大总统"曹锟下野之后[J].人民文摘, 2010.

[12] 汪运渠.关麟征将军其人其书[J].收藏, 2012.

[13] 陈明远.百年租界的数目、面积和起讫日期[J].社会科学论坛,2013(06):33-53+61.

[14] 秋声.蛙泳之王——穆祥雄[J].金秋, 2013(08):2.

[15] 张绍祖. 末代皇帝溥仪亲属在津旧居[C]//《溥仪研究》编辑部.溥仪研究 2013年第1期.,2013:9.

[16] 天津经济课题组,虞冬青,王黎明,等.百年民园展新颜[J].天津经济,2014(06):67-70.

[17] 谭汝为.天津五大道与小洋楼文化[J].天津市社会主义学院学报,2014(03):52-55.

[18] 张天洁,张晶晶. 天津五大道历史公园的改造理念评析[C]//中国风景园林学会.中国风景园林学会2016年会论文集.北京:中国建筑工业出版社,2016.

[19] 金彭育.马占山津门遇险[J].天津档案, 2017(02):2.

[20] 津普.万国建筑"五大道"[J].中国地名, 2017(08):2.

[21] 胡雪涛. 近代天津寓公群体研究（1912 ~ 1937）[D].华中师范大学,2020.

[22] 李向前. 国家篮球队管理体制与运行机制的改革创新研究[D].北京体育大学,2021.

[23] 赵海燕,陈丹.天津市民园体育场建筑空间意义变迁探析[J].体育与科学,2021,42(01):67-72+97.

[24] 张艺璇. 基于传播学视角的天津体育博物馆特色研究[D].天津体育学院,2022.

# 后　记

这是讲述天津地标“民园”前世今生的第一本图书。位于天津五大道街区的民园，自2014年劳动节开始，以全新面貌对外开放。除继续保留原有的体育健身功能外，新增加了旅游休闲、文博展示、特色餐饮等多种功能。2014年8月，天津《每日新报》编辑李纬先生，约我们写周日版的专栏，栏目标题为《民园往事》，从2014年8月底到2015年2月，共写了20多篇，连同在天津和外地发表的有关民园的部分文章，又增加了大部分内容，才完成了这个书稿。

书中前五章是介绍中华人民共和国成立前的情况，搜集素材主要有两个渠道，一是找老报刊查阅，二是采访老人。以本地报刊为主，《大公报》《益世报》《北洋画报》等。另外还参考了部分《庸报》和《亢报》，但内容不多。很小就知道这个“民园”地名了，那是我小姨给我讲的民园往事。她是20世纪30年代出生，姥姥家原住科伦坡道（现常德道）民园西里，离民园近在咫尺。那时民园虽有门，但长年开着。球场和跑道外有树荫和草丛，春、夏、秋三季，是孩子们跑跳和捉迷藏的乐园。但七七事变后，日军把民园当成练兵场，还假惺惺地给中国孩子糖块，孩子们非常厌恶。从此，中国孩子再也不进民园了。我在常德道出生，在马场道“安乐村”和长沙路“瑞玮山庄”住过，都在民园附近，可以说与民园颇有因缘。从上学，到上班，我与民园共同成长、共同欢乐。在民园沉寂的日子里，民园在我的生活中依旧息息相关。大理道“57号花园酒店”刘壮经理是我好友，他成立了“57号花园酒店足球队”，知道我爱踢球、爱看球，吸收我参加了球队，还发给我崭新的红队服，但我的任务主要是看球。球队的教练竟是曾任中国女足教练的蔺新江指导。我的父亲是个老球迷，从小就带着我到民园看球，所以我多年来养成了看球的习惯。还有一个习惯是看体育报刊，我父亲订阅的《新体育》月刊，我从1950年开始阅读。他订阅的《中国体育报》，我从1958年开始阅读。从最初的“老白队”到天津队，每次比赛，我们父子会都会提前到场，静候开赛的哨音。现在虽然看的是“野球”，不是正式比赛，但我观看“57号花园酒店足球队”和兄弟队的友谊赛时，还是津津乐道，兴致勃勃。

张凤雷先生是天津“少帅府”老总，他20世纪60年代出生，住重庆道世界里。他曾在长沙路小学和第二十中学上学，每天都经过民园，经常看见排着队、提着装有足球的网袋的运动员们奔向民园。他讲了很多自己到民园锻炼、看球的往事，新鲜如昨，令人回味。他少年和青年时期就住在民园周边，和民园一同成长，有着难忘的回忆。他给我讲的民园故事均在书中有所呈现。

我是2005年退休的，作为志愿者，根据工作安排，我在天津市保护风貌建筑办公室又工作了8年，主要从事五大道风貌建筑的研究工作。2013年，作为志愿者，我在五大道旅游公司从事策划、写作、培训、接待、讲课等业务，在民园上班，与民园朝夕相伴，愈加情意绵绵。虽然2021年底，我的聘期结束，但我仍是志愿者，还担任着“五大道地区共建共享理事会”和“五大道历史博物馆”的顾问、五大道旅游专家咨询委员会委员等职务。应该说明的是，本书只是天津历史文化的一本通俗读物，不能作为房屋产权的依据。本书完成后，天津市和平区五大道地区管委会王业明主任，在百忙中通读了全稿，并提出修改意见，特此鸣谢。

天津的五大道是生我养我的地方，80年来，我在这里上学、上班。走上工作岗位，结缘五大道，修房子、管房子、换房子、普查房子、研究房子、写房子、讲房子。当一个人，把一项平凡的工作，当成终生的事业，当成生命的一部分，那种感觉是幸福的，其精神世界是宽广和愉悦的。当一个多姿多彩的街区，融入一个人的心灵境界，去观察、去倾听、去思考、去感悟，那在他的心中，就呈现出一片神奇的丰盈与滋润。愿和朋友们同享这些快乐。